66 매일 성장하는 **초등 자기개발서** 99

완자

공부력

Q 왜 공부력을 키워야 할까요?

쓰기력

정확한 의사소통의 기본기이며 논리의 바탕

연필을 잡고 종이에 쓰는 것을 괴로워한다!
맞춤법을 몰라 정확한 쓰기를 못한다!
말은 잘하지만 조리 있게 쓰는 것이 어렵다!
그래서 글쓰기의 기본 규칙을 정확히 알고
써야 공부 능력이 향상됩니다.

어휘력

교과 내용 이해와 독해력의 기본 바탕

어휘를 몰라서 수학 문제를 못 푼다!
어휘를 몰라서 사회, 과학 내용 이해가 안 된다!
어휘를 몰라서 수업 내용을 따라가기 어렵다!
그래서 교과 내용 이해의 기본 바탕을
다지기 위해 어휘 학습을 해야 합니다.

독해력

모든 교과 실력 향상의 기본 바탕

글을 읽었지만 무슨 내용인지 모른다!
글을 읽고 이해하는 데 시간이 오래 걸린다!
읽어서 이해하는 공부 방식을 거부하려고 한다!
그래서 통합적 사고력의 바탕인 독해 공부로
교과 실력 향상의 기본기를 닦아야 합니다.

계산력

초등 수학의 핵심이자 기본 바탕

계산 과정의 실수가 잦다!
계산을 하긴 하는데 시간이 오래 걸린다!
계산은 하는데 계산 개념을 정확히 모른다!
그래서 계산 개념을 익히고 속도와 정확성을
높이기 위한 훈련을 통해 계산력을 키워야 합니다.

세상이 변해도
배움의 즐거움은
변함없도록

시대는 빠르게 변해도
배움의 즐거움은
변함없어야 하기에

어제의 비상은
남다른 교재부터
결이 다른 콘텐츠
전에 없던 교육 플랫폼까지

변함없는 혁신으로
교육 문화 환경의 새로운 전형을
실현해왔습니다.

비상은 오늘, 다시 한번
새로운 교육 문화 환경을 실현하기 위한
또 하나의 혁신을 시작합니다.

오늘의 내가 어제의 나를 초월하고
오늘의 교육이 어제의 교육을 초월하여
배움의 즐거움을 지속하는 혁신,

바로, 메타인지 기반 완전 학습을.

상상을 실현하는 교육 문화 기업 비상

메타인지 기반 완전 학습

초월을 뜻하는 meta와 생각을 뜻하는 인지가 결합한 메타인지는
자신이 알고 모르는 것을 스스로 구분하고 학습계획을 세우도록 하는
궁극의 학습 능력입니다. 비상의 메타인지 기반 완전 학습 시스템은
잠들어 있는 메타인지를 깨워 공부를 100% 내 것으로 만들도록 합니다.

완자

공부력

초등 한국사 독해
시대편 3

초등 한국사 독해 시대편 한눈에 보기

시대편 1권

	한국사 주요 주제	
선사 시대 ~ 남북국 시대	선사 문화와 고조선	구석기, 신석기, 청동기, 철기 시대
		우리 역사 최초의 국가, 고조선
		고조선의 발전과 사회 모습
		철기 시대의 여러 나라
	삼국의 성립과 발전	백제의 성립과 발전
		고구려의 성립과 발전
		신라의 성립과 발전
		가야 연맹의 성립과 발전
	삼국의 문화와 대외 교류	삼국 사람들의 생활 모습
		삼국의 종교와 학문
		삼국의 과학과 기술
		삼국의 고분 문화
		삼국과 가야의 대외 교류
	신라의 삼국 통일	수·당의 고구려 침입과 격퇴
		신라의 삼국 통일
	남북국의 발전과 변화	통일 신라의 통치 체제 정비
		통일 신라의 불교문화
		발해의 건국과 발전
		발해의 문화
		신라 말의 혼란과 후삼국의 성립

시대편 2권

	한국사 주요 주제	
고려 시대	고려의 건국과 통치 체제 정비	후삼국을 통일한 고려
		태조 왕건의 정책
		왕권의 안정과 체제 정비
	고려의 대외 관계	거란의 침입과 격퇴
		여진의 침입과 별무반의 편성
		고려와 주변 국가의 교류
	고려의 정치 변화	고려 문벌의 성립과 이자겸의 난
		묘청의 서경 천도 운동
		무신 정변과 무신 정권의 성립
		무신 정권기 백성의 삶
	몽골의 침략과 고려의 개혁	몽골의 침략과 고려의 대응
		몽골과의 전쟁으로 인한 피해와 강화
		원의 간섭과 권문세족의 성장
		공민왕의 개혁 정치
		고려 말 새롭게 등장한 세력
	고려의 생활과 문화	고려의 신분제와 가족 제도
		불교와 유학의 발달
		고려의 인쇄술 발달
		고려 시대 역사책의 편찬
		고려 시대의 공예와 불화

한국사 주요 주제를 반영한 글감을 통해
풍부한 역사 지식과 독해 실력을 키워요!

특징과 활용법

하루 4쪽 공부하기

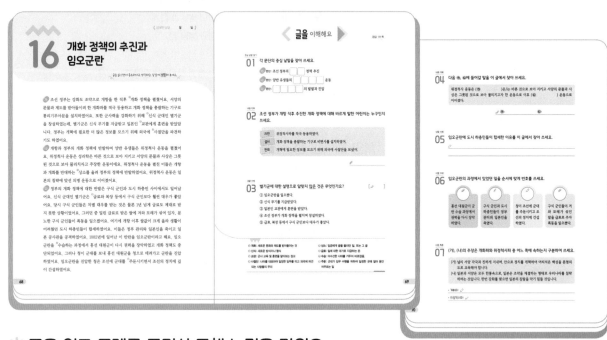

❈ 글을 읽고 문제를 풀면서 독해 능력을 키워요.

❈ 글의 흐름을 파악하면서 한국사 주요 사건에 대한
지식을 습득해요.

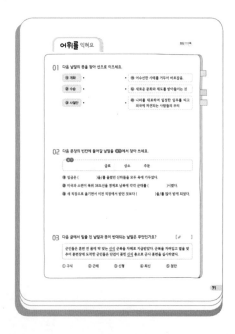

❈ 글에 나온 한국사 어휘를 다양한
문제를 통해 재미있게 익혀요.

☑ 책으로 하루 4쪽 공부하며, 초등 독해력을 키워요!

☑ 모바일앱으로 공부한 내용을 복습하고 몬스터를 잡아요!

공부한 내용 확인하기

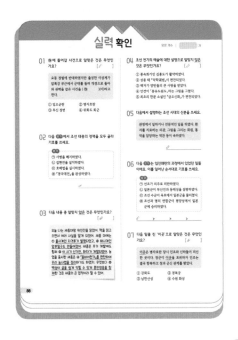

✳ 20일 동안 공부한 내용을 정리 💡 해 보며 자기의 실력을 확인해요.

모바일앱으로 복습하기

앱 다운받기

책 인증하기

✳ 그날 배운 내용을 바로바로, 또는 주말에 모아서 복습하고, 다이아몬드 획득까지! 💎 공부가 저절로 즐거워져요!

차례

우리도 하루 4쪽 공부 습관!
스스로 공부하는 힘을
키워 볼까요?

큰 습관이
지금은 그 친구를 이끌고 있어요.
매일매일의 좋은 습관은 우리를 좋은
곳으로 이끌어줄 거예요.

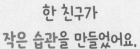

한 친구가
작은 습관을 만들었어요.

매일매일의 시간이 흘러
작은 습관은 큰 습관이 되었어요.

고려를 무너뜨린 조선

글을 읽으면서 중요하다고 생각하는 낱말에 색칠해 보세요.

가 고려 말, 홍건적과 왜구의 침략으로 고려 사회는 무척 혼란스러웠어요. 신흥 무인 세력은 이러한 외적의 침입을 막으면서 백성의 [1]지지를 얻었어요. 새로운 정치 세력인 신진 사대부는 당시 [2]집권층인 권문세족이 부와 권력을 가지는 것에만 집중하자 잘못된 정치를 바꾸려고 하였어요. 신진 사대부는 신흥 무인 세력과 손을 잡고 고려 사회의 문제를 해결하려고 했답니다.

나 이 무렵, 명이 원을 내몰고 중국 [3]대륙을 차지하자 고려는 명과 외교 관계를 맺었어요. 그러나 명은 고려에 무리한 공물을 요구하였고 원이 지배하였던 옛 쌍성총관부 지역을 직접 다스리겠다고 하였어요. 고려의 우왕과 최영은 ㉠ 명의 요구에 반발하여 요동을 공격하기로 했어요. 이성계는 요동 정벌에 반대하였으나 우왕의 명령에 따라 군대를 이끌고 나섰어요. 이성계는 여러 구실을 내세워 [4]회군을 요청하였지만 우왕은 이를 받아들이지 않았어요. 이에 이성계는 압록강의 [5]위화도에서 군대를 돌려 개경으로 돌아와 우왕과 최영을 몰아내고 권력을 잡았어요.

다 한편, 신진 사대부는 고려 사회의 개혁 방법을 둘러싸고 두 세력으로 나뉘어 갈등하였어요. 이색, 정몽주 등 고려 개혁파는 고려 왕조 내에서 사회 문제를 해결하자고 주장하였어요. 반면, 정도전, 조준 등 조선 [6]개국파는 새 왕조를 세워야 한다고 주장하였지요. 정권을 잡은 이성계는 조선 개국파와 함께 개혁을 추진하였어요. 이들은 과전법을 실시하여 권문세족이 불법으로 가지고 있던 땅을 거두어 관리들에게 나누어 줌으로써 토지 제도를 개혁하였어요.

라 신진 사대부 내 갈등이 깊어지자 이성계의 아들인 이방원이 고려 개혁파의 대표적인 인물인 정몽주를 [7]제거하였어요. 반대 세력을 제거한 이성계는 1392년 고려를 무너뜨리고 새 왕조를 열었어요. 이성계는 나라 이름을 조선으로 정하고 조선의 첫 번째 왕이 되었답니다.

중심 낱말 찾기

01 각 문단의 중심 낱말에 ◯표 하세요.

가 문단: 고려 말 신진 사대부와 [권문세족 / 신흥 무인 세력]이 협력하였다.

나 문단: 이성계는 [강화도 / 위화도]에서 회군하여 권력을 잡았다.

다 문단: 이성계와 신진 사대부는 [과전법 / 노비안검법]을 실시하였다.

라 문단: [왕건 / 이성계]은/는 고려를 무너뜨리고 조선을 건국하였다.

내용 이해

02 ㉠의 내용을 바르게 말한 어린이는 누구인지 쓰세요.

보라	개경으로 환도하라고 하였어.
은조	고려 왕실의 호칭을 낮추라고 하였어.
찬희	옛 쌍성총관부 지역을 직접 다스리겠다고 하였어.

✎ _____

내용 이해

03 다음 내용이 맞으면 ◯, 틀리면 ✕에 표시하세요.

❶ 고려 말 홍건적과 왜구의 침입으로 사회가 혼란하였다. [◯ / ✕]

❷ 명이 중국 대륙을 차지하자 고려는 명과 외교 관계를 맺었다. [◯ / ✕]

❸ 정도전, 조준은 신진 사대부 중에서 고려 개혁파를 대표하는 인물이다. [◯ / ✕]

❶ **지지**: 어떤 사람이나 단체의 정책, 의견 등에 찬성하여 이를 위하여 힘을 씀.

❷ **집권층**: 권세나 정권을 잡고 있는 계층

❸ **대륙**: 지구 표면에 있는 크고 넓은 면적의 육지

❹ **회군**: 군사를 돌이켜 돌아가거나 돌아옴.

❺ **위화도**: 압록강 하류에 위치한 섬으로 평안북도 의주군에 속함.

❻ **개국**: 새로 나라를 세움.

❼ **제거**: 없애 버림.

04 다음에서 설명하는 토지 제도를 이 글에서 찾아 쓰세요.

- 이성계와 조선 개국파 신진 사대부가 실시하였다.
- 권문세족이 불법으로 가지고 있던 땅을 거두어 관리들에게 나누어 주었다.

---

05 이 글을 읽고 이성계에 대해 알 수 있는 내용이 <u>아닌</u> 것은 무엇인가요? [　　　]

① 조선을 건국하였다.　　　　　② 요동 정벌에 반대하였다.

③ 우왕과 최영을 몰아냈다.　　　④ 고려 개혁파와 손을 잡았다.

⑤ 이방원이라는 아들이 있었다.

06 조선의 건국 과정에서 있었던 일을 순서에 맞게 번호를 쓰세요.

고려가 멸망하고 조선이 건국되었다.

우왕과 최영이 요동 정벌을 추진하였다.

이성계와 신진 사대부가 과전법을 실시하였다.

이성계가 위화도에서 회군하여 정권을 장악하였다.

07 이 글을 읽고 신진 사대부가 다음과 같이 나뉜 까닭을 쓰세요.

신진 사대부

고려 개혁파　　　　　　조선 개국파

어휘를 익혀요

01 다음 뜻을 나타내는 낱말에 ○표 하세요.

1 새로 나라를 세움. [개국 / 광복]

2 군사를 돌이켜 돌아가거나 돌아옴. [진격 / 회군]

3 지구 표면에 있는 크고 넓은 면적의 육지 [대륙 / 대양]

02 다음 빈칸에 들어갈 낱말을 찾아 선으로 이으세요.

1 제거 •

2 외적 •

3 집권층 •

• ㄱ 우리 민족은 (   )의 침입을 많이 받았다.

• ㄴ 최충헌은 이의민을 (   )하고 권력을 장악하였다.

• ㄷ 국민들은 (   )의 부정부패에 반발하여 혁명을 일으켰다.

03 다음 글의 밑줄 친 '지지'와 같은 뜻으로 사용된 문장은 무엇인가요? [   ]

> 당시 정권을 잡고 있던 서인은 효종의 북벌 정책을 지지하였다.

① 가게에서 전을 지지는 냄새가 진동하였다.

② 나는 체구는 작았지만 싸움에서는 지지 않는다.

③ 학생들의 큰 지지를 얻어 학생회장에 당선되었다.

④ 아침이 밝자 새가 지지대며 울어 대기 시작하였다.

⑤ 옷에 심한 얼룩이 생겨 여러 번 빨아도 잘 지지 않았다.

조선 초 국가 기틀의 확립

글을 읽으면서 중요하다고 생각하는 낱말에 색칠해 보세요.

가 조선을 세운 태조 이성계는 왕위에 오른 후 수도를 한양으로 옮겼어요. 한양은 한반도의 가운데에 위치하였고 한강이 흐르고 있어 교통이 편리한 지역이었어요. 또한 산으로 둘러싸여 방어에 유리하였고, 땅이 넓고 평평하여 사람들이 살기에도 좋았지요. 조선 건국을 이끌었던 정도전이 새 수도인 한양 설계에 앞장섰어요. 조선은 유교 정치 **①** 이념을 내세웠기에 한양에 세운 경복궁과 흥인지문, 돈의문, 숭례문, 숙정문의 **②** 사대문에 유교 **③** 덕목을 담은 이름을 붙였어요.

나 태종은 왕권을 안정화하는 한편 나라의 **④** 기틀을 세우기 위해 노력하였어요. 우선, 왕족이나 신하들이 거느리는 사병을 없애 왕권을 강화하였어요. 그리고 ㉠ <u>호패법을 실시하여 백성이 신분 증명증인 호패를 지니고 다니게 함</u>으로써 인구를 파악하고 세금과 군역을 거두는 데 활용하였어요. 태종은 전국을 8개의 도로 나누고 각 도에 관리를 파견하여 나라를 효과적으로 다스리려 하였답니다.

다 태종 때의 안정된 왕권을 바탕으로 세종은 유교의 이상에 맞는 정치를 펼치려 하였어요. 세종은 집현전을 설치하여 학자들이 학문 연구에 힘쓰도록 하였어요. 또한 토지에 매긴 세금 제도를 정비하여 **⑤** 풍흉과 땅의 상태에 따라 세금을 달리 거두어 백성의 생활을 돕고 국가 재정을 풍족하게 하였어요. **⑥** 국방에도 힘써 외적이 침범하면 단호하게 **⑦** 대처하였어요. 남쪽으로는 왜구를 물리치려고 쓰시마섬(대마도)을 정벌하였어요. 북쪽으로는 여진을 몰아내고 4군 6진을 설치하여 조선의 국경을 압록강과 두만강까지 넓혔답니다.

라 성종은 집현전을 계승한 홍문관을 설치하는 등 통치 제도를 정비하였고, 세조 때 중단되었던 **⑧** 경연을 다시 열었어요. 또한 세조 때 편찬하기 시작한 조선의 통치 법전인 『경국대전』을 완성하여 반포함으로써 유교 중심의 국가 통치 질서를 확립하였어요.

중심 낱말 찾기

01 각 문단의 중심 낱말을 찾아 쓰세요.

가 문단: ☐☐ 의 한양 천도

나 문단: ☐☐ 의 제도 정비

다 문단: ☐☐ 의 유교 정치 실현

라 문단: ☐☐ 의 통치 질서 확립

내용 이해

02 다음에서 설명하는 지역을 이 글에서 찾아 쓰세요.

> 한반도의 가운데에 위치하고 있으며, 한강이 흐르고 있어 교통이 편리하고, 산으로 둘러싸여 외적을 막기에 유리하다.

✎ _____

내용 이해

03 ㉠을 실시한 까닭은 무엇인지 쓰세요.

✎ _____

_____

내용 이해

04 다음 내용이 맞으면 〇, 틀리면 ✕에 표시하세요.

❶ 태종 대에 여진을 몰아내고 4군 6진을 설치하였다. [〇 / ✕]

❷ 성종은 홍문관을 설치하고 중단되었던 경연을 다시 열었다. [〇 / ✕]

❶ **이념**: 이상적인 것으로 여겨지는 생각이나 견해

❷ **사대문**: 조선 시대에 서울 도성에 세운 4개의 성문

❸ **덕목**: 충, 효, 인, 의 등 덕을 분류하는 명목

❹ **기틀**: 어떤 일의 가장 중요한 계기나 조건

❺ **풍흉**: 풍년과 흉년을 아울러 이르는 말

❻ **국방**: 외국의 침략에 대비 태세를 갖추고 국토를 방위하는 일

❼ **대처**: 어떤 정세나 사건에 대하여 알맞은 조치를 취함.

❽ **경연**: 임금이 학문이나 기술을 강론하고 더불어 신하들과 나라의 정치를 협의하던 일

05 다음 정책과 그 목적을 선으로 이으세요.

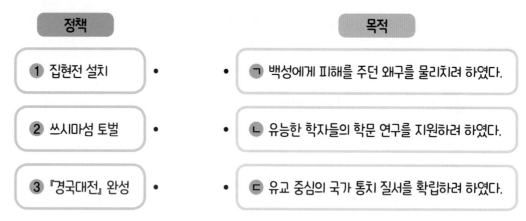

정책

① 집현전 설치 •

② 쓰시마섬 토벌 •

③ 『경국대전』 완성 •

목적

• ㉠ 백성에게 피해를 주던 왜구를 물리치려 하였다.

• ㉡ 유능한 학자들의 학문 연구를 지원하려 하였다.

• ㉢ 유교 중심의 국가 통치 질서를 확립하려 하였다.

06 다음은 조선 초의 제도 정비 과정이에요. ㉠~㉢에 들어갈 왕은 누구인지 이 글에서 찾아 쓰세요.

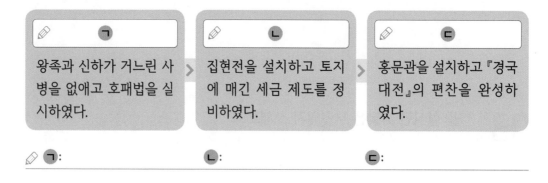

㉠	㉡	㉢
왕족과 신하가 거느린 사병을 없애고 호패법을 실시하였다.	집현전을 설치하고 토지에 매긴 세금 제도를 정비하였다.	홍문관을 설치하고 『경국대전』의 편찬을 완성하였다.

㉠:   ㉡:   ㉢:

07 이 글을 읽은 어린이가 다음 자료를 해석한 내용으로 알맞은 것은 무엇인가요?

[   ]

조선 시대에 첫 번째로 지은 궁궐인 경복궁에는 큰 복을 누린다는 뜻을 담았다. 또한 한양의 동쪽 문인 흥인지문에는 인자함[仁(인)]을 일으켜야 한다는 의미를, 남쪽 문인 숭례문에는 예의[禮(예)]를 존중한다는 의미를 담았다.

① 불교가 융성하였음을 보여 주는 사례들이야.

② 조선 시대의 한양은 유교 이념에 따라 건설되었어.

③ 일본의 학문이 조선 지식인들에게 많은 영향을 주었어.

④ 청의 발달된 문물이 조선 사회에 전해졌음을 알 수 있어.

⑤ 당시 도교가 유행하면서 현세의 복을 구하는 일이 중시되었어.

어휘를 익혀요

01 다음 낱말의 뜻을 찾아 선으로 이으세요.

1 경연 •

2 덕목 •

3 풍흉 •

• ㉠ 풍년과 흉년을 아울러 이르는 말

• ㉡ 충, 효, 인, 의 등 덕을 분류하는 명목

• ㉢ 임금이 학문이나 기술을 강론하고 더불어 신하들과 나라의 정치를 협의하던 일

02 다음 밑줄 친 낱말의 뜻을 보기에서 찾아 기호를 쓰세요.

보기
㉠ 어떤 일의 가장 중요한 계기나 조건
㉡ 이성적인 것으로 여겨지는 생각이나 견해
㉢ 어떤 정세나 사건에 대하여 알맞은 조치를 취함.

1 그 학교의 설립 이념은 유능한 인재 양성이었다. (   )

2 조선은 국가 기틀을 다지면서 다양한 역사책을 편찬하였다. (   )

3 구조 과정에서 위기 상황이 발생하였으나 구조대원은 오랜 경험과 훈련을 바탕으로 능숙하게 대처하였다. (   )

03 다음 글에서 밑줄 친 내용과 바꾸어 쓸 수 있는 낱말은 무엇인가요? [✎   ]

국군의 날을 맞아 텔레비전에서는 나라의 영토를 지키는 일의 중요성에 대한 프로그램을 방송하였다. 이 프로그램을 보고 국가 안전을 위해 애쓰고 계시는 국군 장병에게 감사하는 마음을 가져야겠다는 생각이 들었다.

① 국경   ② 국방   ③ 방호   ④ 치안   ⑤ 침략

세종 대의 과학과 문화 발달

글을 읽으면서 중요하다고 생각하는 낱말에 색칠해 보세요.

가 조선 시대 세종은 백성의 생활을 안정시키고 나라를 ^❶부강하게 만들기 위해 노력하였어요. 이에 정치가 안정되고 과학이 크게 발전하였어요. 세종이 세운 집현전은 도서를 ^❷수집하거나 왕에게 자문하는 일을 담당하는 기관이었으나 백성의 생활에 도움이 되는 과학 기구를 발명하여 보급하는 일도 하였어요. 세종은 장영실같이 신분이 낮아도 기술이 뛰어난 사람이 있으면 관리로 뽑아 과학 기술을 개발하도록 하였답니다. 이때 발명된 과학 기구로 비가 내린 양을 ^❸측정하는 측우기, 스스로 시각을 알려 주는 물시계인 자격루, 해시계인 앙부일구, 천체를 관찰하는 데 사용하는 혼천의 등이 있어요. 또한 우리나라의 독자적인 역법서인 『칠정산』을 편찬하여 일출과 일몰, 일식과 월식의 정확한 때를 한양을 기준으로 계산할 수 있게 하였어요. 세종은 농사를 중요하게 여겨 우리 땅에 알맞은 농사 방법을 정리한 『농사직설』이라는 책도 펴내도록 하였답니다. 한편, 세종 대에는 화살에 ^❹화약을 단 신기전, 신기전을 연속하여 ^❺발사할 수 있는 화차 등 새로운 무기가 개발되었어요. 이러한 신무기는 여진과 왜구를 ^❻토벌하는 데 활용되었어요.

나 세종 대에는 훈민정음이 ^❼창제되면서 문화가 크게 발전하였어요. 당시 지배층은 중국의 한자를 사용하였지만 대부분의 백성은 한자를 몰라 일상생활에 어려움을 겪었어요. 이를 안타깝게 여긴 세종은 오랜 연구 끝에 백성이 글을 쉽게 익힐 수 있도록 훈민정음을 만들었어요. '백성을 가르치는 바른 소리'라는 뜻을 지닌 훈민정음은 28자의 소리글자로 되어 있어 우리말을 그대로 읽고 쓰기에 편리한 과학적인 글자에요. 훈민정음이 창제되면서 백성은 자신의 생각과 감정을 글로 쉽게 표현할 수 있게 되었어요. 훈민정음 창제 이후 정부는 왕실의 업적을 노래한 『용비어천가』를 비롯한 다양한 서적을 훈민정음으로 편찬하여 훈민정음을 보급하기 위해 노력하였어요.

중심 낱말 찾기

01 각 문단의 중심 낱말을 찾아 쓰세요.

가 문단: 세종 대 ☐☐ 기술의 발달

나 문단: 세종 대 ☐☐☐☐ 의 창제

내용 이해

02 **가** 문단에 나온 과학 기구에 대한 설명으로 알맞지 <u>않은</u> 것은 무엇인가요?

[✎   ]

① 측우기 – 비가 내린 양을 측정한다.

② 혼천의 – 천체를 관찰하는 데 사용하였다.

③『칠정산』– 중국을 기준으로 한 역법서이다.

④ 자격루 – 스스로 시각을 알려 주는 물시계이다.

⑤ 앙부일구 – 해의 움직임에 따라 시간을 측정하던 해시계이다

내용 이해

03 다음 내용이 맞으면 ◯, 틀리면 ✕에 표시하세요.

1 장영실은 신분이 낮아 관리가 되지 못하였다. [◯ / ✕]

2 집현전에서는 과학 기구를 발명하여 보급하였다. [◯ / ✕]

3 조선 세종 시기에는 화살에 화약을 단 화차를 개발하였다. [◯ / ✕]

4 조선 세종 대에 측우기, 자격루, 앙부일구 등이 발명되었다. [◯ / ✕]

❶ **부강**: 부유하고 강함.

❷ **수집**: 거두어 모음.

❸ **측정**: 일정한 양을 기준으로 하여 같은 종류의 다른 양의 크기를 잼.

❹ **화약**: 파괴하거나 추진하는 작용을 하는 폭발성 물질

❺ **발사**: 활, 총포, 로켓이나 광선, 음파 따위를 쏘는 일

❻ **토벌**: 무력을 사용하여 없앰.

❼ **창제**: 전에 없던 것을 처음으로 만들거나 제정함.

04 다음 서적과 그 특징을 선으로 이으세요.

서적		특징

① 『칠정산』 •

② 『농사직설』 •

③ 『용비어천가』 •

• ㄱ 한양을 기준으로 한 역법서이다.

• ㄴ 훈민정음을 보급하기 위해 편찬하였다.

• ㄷ 우리 땅에 알맞은 농사 방법을 정리하였다.

05 훈민정음에 대해 바르게 말한 어린이를 모두 쓰세요.

연희	28자의 소리글자로 되어 있어.
솔찬	'백성을 가르치는 바른 소리'라는 뜻을 지녔어.
하온	한자보다 배우기 어려워 백성들에게 도움이 되지 못하였어.

06 다음 대화의 빈칸에 들어갈 훈민정음의 특징을 쓰세요.

훈민정음이 창제되면서 백성의 일상생활이 편리해졌대. 훈민정음이 어떤 글자이길래 그런 걸까?

훈민정음은 _____. 그렇기에 백성들은 훈민정음을 쉽게 익힐 수 있었어.

어휘를 익혀요

01 다음 낱말의 뜻을 찾아 선으로 이으세요

1 발사 •　　　　　• ㄱ 무력을 사용하여 없앰.

2 토벌 •　　　　　• ㄴ 전에 없던 것을 처음으로 만들거나 제정함.

3 창제 •　　　　　• ㄷ 활, 총포, 로켓이나 광선, 음파 따위를 쏘는 일

02 다음 문장의 빈칸에 들어갈 낱말을 (보기)에서 찾아 쓰세요.

> **보기**
>
> 천체　　　　측정　　　　화약

1 도시의 대기 오염 정도를 (　　　　　)하였다.

2 망원경으로 우주의 (　　　　　) 운동을 관측하였다.

3 (　　　　　)이 폭발하면서 건물 전체가 모두 부서졌다.

03 다음 뜻을 나타내는 낱말이 들어갈 문장으로 알맞지 <u>않은</u> 것은 무엇인가요? [✎　　　]

> ☐☐ : 거두어 모음.

① 정보 ☐☐ 을 위해 도서관에 갔다.

② 그는 희귀한 우표를 ☐☐ 하는 취미가 있었다.

③ 조선어학회는 한글을 널리 ☐☐ 하는 데 힘썼다.

④ 기부금을 모으기 위해 폐품을 ☐☐ 하고 성금을 거두었다.

⑤ 그는 평생 동안 고려 시대의 자기, 거울 등 민속품을 ☐☐ 하였다.

04 조선 전기의 예술

글을 읽으면서 중요하다고 생각하는 낱말에 색칠해 보세요.

가 조선 전기에는 양반 중심의 문화가 발달하였어요. 공예에서는 고려 말부터 도자기를 만드는 기술에 변화가 나타나 회청색 흙으로 빚은 뒤 흰 흙을 표면에 얇게 칠한 분청①사기가 많이 만들어졌어요. 16세기 이후에는 흰 흙으로 빚은 뒤 투명한 유약을 바른 백자가 많이 만들어졌어요. 백자는 깨끗하고 단아한 아름다움을 지녀 양반들의 큰 사랑을 받았어요.

나 그림에서는 주로 양반 계층 문인들과 그림에 관한 일을 담당하는 관청인 도화서에 속한 ②화원들이 활약하였어요. 강희안은 「고사관수도」에서 선비가 바위에 기대어 물을 바라보는 여유로운 모습을 표현하였어요. 세종의 셋째 아들인 안평 대군은 이상 세계인 ③무릉도원을 노니는 꿈을 꾼 후 도화서 화원인 안견에게 그 내용을 그리도록 하였어요. 이 그림이 바로 현실 세계와 이상 세계를 조화롭게 표현한 「몽유도원도」예요. 또한 이 시기에는 산과 물이 어우러진 자연을 그리는 산수화가 유행하였고 매화, 난초, 국화, 대나무를 소재로 선비의 ④지조를 나타내는 사군자화도 유행하였어요. 한편, 신사임당 등 여성이 그린 그림도 남아 있어요. 신사임당은 주변에서 흔히 볼 수 있는 동물과 식물을 섬세하게 ⑤묘사하였는데 대표적인 작품으로 「초충도」가 있어요.

다 문학에서는 서거정이 삼국 시대부터 조선 초기까지의 시와 ⑥산문을 모아 『동문선』을 펴냈어요. 김시습은 최초의 한문 소설인 『금오신화』를 지었지요. 훈민정음의 창제 이후 한글로 지은 가사 문학도 발달하여 정철이 「관동별곡」과 같은 작품을 남기기도 하였어요.

라 조선 전기에는 음악도 정비되었어요. 궁중 음악인 아악을 정리하였고, ⑦종묘에서 제사를 지내는 동안 연주되는 음악인 종묘 제례악이 완성되기도 하였어요. 성종 때에는 조선 전기의 음악적 ⑧성과를 모아 『악학궤범』이라는 책을 펴내었답니다.

 **글을** 이해해요

정답 99쪽

중심 낱말 찾기

01 각 문단의 중심 낱말에 ◯표 하세요.

가 문단: 조선에서는 16세기 이후 [백자 / 청자]가 유행하였다.

나 문단: 조선 전기에는 [도화서 / 집현전]에 속한 화원들이 그림을 많이 그렸다.

다 문단: 김시습은 최초의 한문 소설인 [『동문선』/ 『금오신화』]을/를 지었다.

라 문단: 조선 성종 때는 음악적 성과를 모아 [『경국대전』/ 『악학궤범』]을 편찬하였다.

내용 이해

02 다음 작품을 남긴 인물을 **나** 문단에서 찾아 쓰세요.

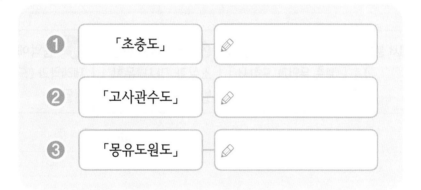

❶ 「초충도」

❷ 「고사관수도」

❸ 「몽유도원도」

내용 이해

03 다음에서 설명하는 책을 이 글에서 찾아 쓰세요.

- 서거정이 지은 책이다.
- 삼국 시대부터 조선 초기까지의 시와 산문을 모았다.

❶ **사기**: 흙을 빚어서 구워 만든 매끄러운 그릇
❷ **화원**: 조선 시대 도화서에 소속된 화가들
❸ **무릉도원**: 이상적인 세계를 비유적으로 이르는 말
❹ **지조**: 원칙과 신념을 굽히지 아니하고 끝까지 지켜 나가는 꿋꿋한 의지
❺ **묘사**: 어떤 대상이나 사물, 현상 따위를 언어로 서술하거나 그림을 그려서 표현함.
❻ **산문**: 자유로운 문장으로 쓴 소설, 수필 등의 글
❼ **종묘**: 역대 왕과 왕비의 위패를 모시던 사당
❽ **성과**: 이루어 낸 결실

04 이 글의 내용과 일치하지 <u>않는</u> 것은 무엇인가요? [✎   ]

① 「관동별곡」은 정철이 남긴 작품이다.

② 『금오신화』는 최초의 한문 소설이다.

③ 「몽유도원도」는 사군자를 그린 그림이다.

④ 조선 전기에는 종묘 제례악이 완성되었다.

⑤ 조선 시대에 백자는 양반들의 사랑을 받았다.

05 다음 빈칸을 채워 이 글의 내용을 정리하세요.

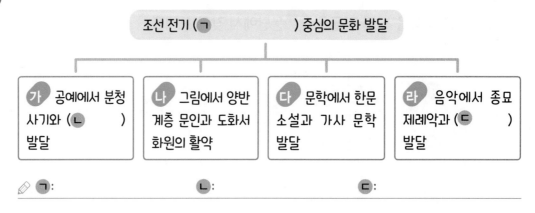

조선 전기 (ㄱ   ) 중심의 문화 발달

| 가 공예에서 분청사기와 (ㄴ   ) 발달 | 나 그림에서 양반 계층 문인과 도화서 화원의 활약 | 다 문학에서 한문 소설과 가사 문학 발달 | 라 음악에서 종묘 제례악과 (ㄷ   ) 발달 |

✎ ㄱ: ㄴ: ㄷ:

06 다음에서 설명하는 공예품에 해당하는 것은 무엇인가요? [✎   ]

조선 시대에 만들어진 도자기로 잘록하고 가느다란 목이 서서히 넓어지는 형태를 띠고 있어 안정감과 곡선미를 잘 보여 준다. 깨끗한 표면에 한 가닥 끈 모양의 무늬를 휘감아 늘어뜨린 모습이 잘 어울러진다.

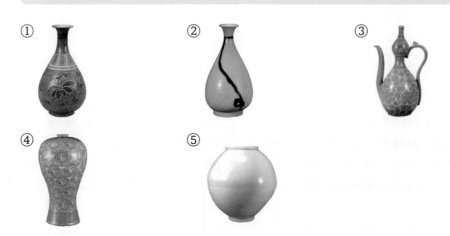

① ② ③ ④ ⑤

어휘를 익혀요

01 다음 뜻을 나타내는 낱말에 ◯표 하세요.

❶ 역대 왕과 왕비의 위패를 모시던 사당 [**왕궁** / **종묘**]

❷ 자유로운 문장으로 쓴 소설, 수필 등의 글 [**산문** / **운문**]

❸ 어떤 대상이나 사물, 현상 따위를 언어로 서술하거나 그림을 그려서 표현함. [**묘사** / **추론**]

02 다음 빈칸에 들어갈 낱말을 찾아 선으로 이으세요.

① 공예 •

② 사기 •

③ 성과 •

④ 지조 •

• ㉠ 부엌에서 (   ) 접시 깨지는 소리가 들렸다.

• ㉡ 경제 개발 5개년 계획은 상당한 (   )를 거두었다.

• ㉢ 어떤 유혹에도 그의 굳은 (   )는 흔들리지 않았다.

• ㉣ 삼국 시대에 다수의 화가, (   ) 기술자가 일본에 건너갔다.

03 다음 글에서 밑줄 친 낱말과 바꾸어 쓸 수 있는 낱말은 무엇인가요? [✎   ]

> 그 마을은 이 세상에 실제로 존재하는 것이 아닌 듯하였다. 감탄을 자아내는 아름다운 경치에 마을에 도착한 사람들 모두 이상향을 본 것처럼 넋을 잃고 바라만 보았다.

① 이승   ② 저승   ③ 현생

④ 무릉도원   ⑤ 오매불망

05 유교 질서를 바탕으로 한 조선 사회

글을 읽으면서 중요하다고 생각하는 낱말에 색칠해 보세요.

가 조선을 건국한 신진 사대부들은 임금부터 백성까지 모두 유교 질서에 따라 생활해야 한다고 생각하였어요. 나라의 *근본이 백성에게 있다는 유교의 가르침에 따라 왕은 백성을 위한 정치를 펼치려 노력하였고, 유교 정치 이념이 담긴 『경국대전』에 따라 나라를 다스렸어요.

나 유교에서는 임금과 신하, 부모와 자식, 남편과 아내 사이의 *도리를 강조하였어요. 윗사람과 아랫사람 사이의 질서, 친구 사이의 믿음도 중요하게 여겼지요. 백성이 유교의 가르침에 따라 생활할 수 있도록 세종은 『삼강행실도』를 편찬하였어요. 이 책은 우리나라와 중국에서 모범이 될 만한 *충신, *효자, *열녀 등의 이야기를 백성이 이해하기 쉽도록 글과 그림으로 구성한 책이에요.

다 조선 시대에는 백성이 유교 예절에 따라 집안 행사를 치렀어요. 나라에서는 *관혼상제를 중요한 일로 생각하여 백성에게 유교 예절을 따르도록 하였답니다. 오늘날 전해지는 혼인이나 *장례, 제사 문화도 유교의 영향을 받은 것들이 많아요.

라 한편, 조선에서는 태어날 때부터 신분이 정해져 있었어요. 신분은 크게 양인과 천인으로 구분하였지만 실제로는 양반, 중인, 상민, 천민의 네 계층으로 나뉘었답니다. 조선 시대 사람들은 유교적 질서에 따라 주어진 신분에 맞게 생활하였어요. 양반 남자는 주로 관리가 되거나 유교의 가르침이 담긴 책을 공부하였어요. 중인은 관청에서 일하거나 전문적인 일을 담당하였는데 환자를 치료하는 의관, 궁궐에서 그림을 그리는 화원, 외국 사신을 맞이하며 *통역하는 역관 등이 중인에 속하였어요. 상민은 대부분 농사를 지으며 나라에 큰 공사나 일이 있을 때 불려 가서 일을 하였어요. 천민의 대다수를 이룬 것은 노비로, 이들은 양반의 집이나 관공서에서 주인을 위해 일하거나 물건을 만드는 일을 하며 생활하였어요. 주인과 따로 살면서 주인집에 돈이나 물건을 바치는 노비도 있었답니다.

중심 낱말 찾기

01 다음 ㄱ, ㄴ에 들어갈 낱말을 이 글에서 찾아 쓰세요.

조선 세종 때 편찬한 (ㄱ   )은/는 백성이 (ㄴ   )의 가르침을 잘 실천할 수 있도록 우리나라와 중국에서 모범이 될 만한 충신, 효자, 열녀 등의 이야기를 글과 그림으로 구성한 책이다.

 ㄱ: ㄴ:

내용 이해

02 각 문단의 중심 내용을 찾아 선으로 이으세요.

1 가 문단 •   • ㄱ 조선 시대의 신분

2 나 문단 •   • ㄴ 『삼강행실도』의 편찬

3 다 문단 •   • ㄷ 조선의 유교 정치 이념

4 라 문단 •   • ㄹ 유교 예절에 따른 관혼상제

내용 이해

03 다음 내용이 맞으면 ◯, 틀리면 ✕에 표시하세요.

1 조선에서는 유교 정치 이념을 담은 『경국대전』을 따랐다. [◯ / ✕]

2 조선 시대에는 태어날 때부터 신분이 정해졌는데 크게 양인과 상민으로 나뉘었다.

[◯ / ✕]

---

❶ 근본: 사물의 본질이나 본바탕
❷ 도리: 사람이 어떤 입장에서 마땅히 행하여야 할 바른길
❸ 충신: 나라와 임금을 위하여 충성을 다하는 신하
❹ 효자: 부모를 잘 섬기는 자식
❺ 열녀: 남편을 위하여 정성을 기울여 살아가는 아내

❻ 관혼상제: 성인식인 관례, 결혼식인 혼례, 장례식인 상례, 제사를 뜻하는 제례의 네 가지 전통적인 예식
❼ 장례: 죽은 사람을 묻거나 화장하는 등 장사를 지내는 일
❽ 통역: 말이 통하지 않는 사람 사이에서 뜻이 통하도록 말을 옮겨 줌.

04 이 글의 내용과 일치하지 <u>않는</u> 것은 무엇인가요? [✎   ]

① 조선 시대의 의관, 화원, 역관은 천민에 속하였다.

② 조선에서는 유교 정치 이념에 따라 나라를 다스렸다.

③ 조선 시대에는 유교 예절에 따라 집안 행사를 치렀다.

④ 조선 시대에는 태어나면서부터 신분이 정해져 있었다.

⑤ 유교에서는 부모와 자식 간의 도리를 중요하게 여겼다.

05 조선 시대의 신분과 그 특징을 선으로 이으세요.

신분

① 양반

② 중인

③ 상민

④ 천민

특징

ㄱ 관청에서 일을 하거나 전문적인 일을 담당함.

ㄴ 주로 관리가 되거나 유교의 가르침이 담긴 책을 공부함.

ㄷ 대부분 농사를 지으며 나라에 큰 공사가 있을 때 불려 감.

ㄹ 양반의 집에서 주인을 위해 일하거나 관공서에서 물건을 만듦.

06 다음 사례를 통해 알 수 있는 조선 사회의 성격으로 알맞은 것은 무엇인가요?

[   ]

- 조선에서는 『경국대전』을 바탕으로 나라를 다스렸다.
- 세종 대에는 『삼강행실도』를 편찬하여 백성에게 널리 나누어 주었다.

① 불교 의식을 중시하였다.

② 유교 질서를 바탕으로 하였다.

③ 민족의 통합을 위해 노력하였다.

④ 자유롭게 신분을 선택할 수 있었다.

⑤ 다양한 사상이 융합하여 발전하였다.

어휘를 익혀요

01 다음 뜻을 나타내는 낱말을 쓰세요.

① 나라와 임금을 위하여 충성을 다하는 신하 ☐☐

② 남편을 위하여 정성을 기울여 살아가는 아내 ☐☐

③ 말이 통하지 않는 사람 사이에서 뜻이 통하도록 말을 옮겨 줌. ☐☐

02 다음 빈칸에 들어갈 낱말을 오른쪽 상자에서 찾아 쓰세요.

① 정치에 있어 ☐☐★은 국민을 주인으로 생각하는 것이다. ★사물의 본질이나 본바탕

② 마을 사람들은 그가 세상에 둘도 없는 ☐☐★라고 칭찬하였다. ★부모를 잘 섬기는 자식

③ 우리 조상들은 ☐☐☐☐★를 중요시하여 엄숙히 의식을 치르도록 하였다. ★관례·혼례·상례·제례의 네 가지 전통적인 예식

농	사	직	설
관	혼	상	제
리	례	근	본
천	효	기	루
민	자	양	인

03 다음 대화의 빈칸에 공통으로 들어갈 낱말로 알맞은 것은 무엇인가요? [✎]

유교에서는 임금과 신하 간, 부모와 자식 간, 남편과 아내 간의 (　　　)을/를 강조하였어.

아, 유교에서는 사람이 어떤 입장에서 마땅히 행하여야 할 바른길인 (　　　)을/를 중요시하였구나.

① 도리　　② 명성　　③ 수양　　④ 의리　　⑤ 지위

임진왜란의 발발과 극복

글을 읽으면서 중요하다고 생각하는 낱말에 색칠해 보세요.

가 조선은 건국 후 200여 년이 지나자 정치가 혼란해졌고, 오랜 기간 평화를 누리면서 군사력도 약해졌어요. 일본에서는 전국 시대를 통일한 도요토미 히데요시가 조선 침략을 준비하였어요. 1592년 일본군이 명을 정벌하러 가는 길을 빌려 달라는 구실로 조선을 침략하면서 임진왜란이 시작되었어요. 조총으로 무장한 일본군은 부산진과 동래성을 점령하고 한성으로 진격하였어요. 조선군은 일본군에게 연이어 졌고, 선조는 의주로 ❶피란하는 한편 명에 도움을 요청하였어요.

나 수군절도사가 된 이순신은 거북선과 판옥선을 만들어 일본군의 침입에 ❷대비하였어요. 임진왜란이 일어나자 조선 수군은 옥포에서 일본군에 첫 승리를 거두고 이어 사천, 당포, 한산도 등에서도 모두 승리하였어요. 이로써 조선 수군은 전라도와 충청도의 ❸곡창 지대를 지킬 수 있었지요.

다 육지에서는 다양한 신분의 사람들이 ❹의병을 조직하였어요. 이들은 고장의 지리에 익숙하다는 점을 활용한 전술을 펼쳐 일본군의 보급로를 차단하였어요. 경상도 의령에서 곽재우는 자신의 재산으로 의병을 모아 여러 전투에서 일본군에게 승리를 거두었답니다.

라 한편, 명의 군대가 일본의 대륙 진출을 막기 위해 ❺참전하였어요. 조선과 명의 ❻연합군은 평양성에서 일본군에게 승리를 거둔 후 한성을 되찾으려 이동하였어요. 이때 김시민은 진주성에서 일본군을 물리쳤고, 권율이 이끈 관군은 행주산성에서 일본군에 승리를 거두었어요.

마 남쪽으로 밀려난 일본군은 ❼휴전을 제안하였으나 휴전 회담은 성과 없이 끝났어요. 이에 일본군이 조선을 다시 침략하면서 정유재란이 일어났어요. 조선이 미리 대비한 탓에 일본군은 계속 패배하였고 도요토미 히데요시가 죽자 조선에서 철수하였어요. 이순신의 수군이 노량에서 일본군을 무찌르면서 7년 간의 전쟁은 끝이 났어요.

01 각 문단의 중심 낱말에 ◯표 하세요.
중심 낱말 찾기

가 문단: 일본의 침략으로 [임진왜란 / 나당 전쟁]이 시작되었다.

나 문단: 조선의 [보병 / 수군]이 일본군과의 전투에서 승리를 거두었다.

다 문단: 육지에서 다양한 신분의 사람들이 [관군 / 의병]을 조직해 활약하였다.

라 문단: [원 / 명]의 군대가 일본군을 막기 위해 참전하였다.

마 문단: 조선이 [병자호란 / 정유재란]을 막아 내면서 전쟁이 끝났다.

02 다음 내용이 맞으면 ◯, 틀리면 ✕에 표시하세요.
내용 이해

1 1592년 일본이 조선을 침략하자 인조는 의주로 피란을 갔다. [◯ / ✕]

2 임진왜란이 일어나자 고장의 지리에 익숙한 의병들이 일본군에 맞서 싸웠다. [◯ / ✕]

3 정유재란 당시 전쟁에서 불리해진 일본군은 도요토미 히데요시가 사망하자 조신에서 철수하였다. [◯ / ✕]

03 가 ~ 마 문단 중 다음 글과 관련이 있는 문단을 쓰세요.
내용 추론

> 이순신은 한산도에서 학이 날개를 펼친 듯 배를 배치하여 적을 공격하는 학익진 전법을 써서 일본군을 상대로 큰 승리를 거두었다. 이순신과 조선 수군은 조선의 바다를 철통같이 지켰다.

---

❶ **피란**: 난리를 피하여 옮겨 감.
❷ **대비**: 어떠한 일에 대응하기 위하여 미리 준비함.
❸ **곡창**: 곡식을 쌓아 두는 창고
❹ **의병**: 외적의 침입에 맞서 고장과 나라를 지키고자 스스로 조직한 군대

❺ **참전**: 전쟁에 참여하는 것
❻ **연합군**: 전쟁에서 둘 혹은 둘 이상의 국가가 연합하여 구성한 군대
❼ **휴전**: 전쟁 중인 나라들이 서로 합의하여 전쟁을 얼마 동안 멈추는 일

다음은 이 글의 구조를 나타낸 것이에요. ㄱ에 들어갈 내용으로 알맞은 것은 무엇인가요? [✎   ]

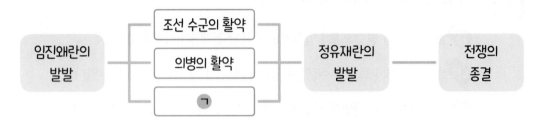

① 삼별초의 항쟁   ② 동북 9성의 축조

③ 안시성 싸움의 승리   ④ 귀주에서 강감찬의 활약

⑤ 명의 참전과 관군의 활약

이 글의 내용과 일치하는 것은 무엇인가요? [✎   ]

① 조선은 4군과 6진을 개척하여 영토를 넓혔다.

② 조선은 지리적 이점이 많은 한양을 도읍으로 삼았다.

③ 조선은 세종 대에 문화와 과학 기술이 크게 발전하였다.

④ 조선은 수군과 의병의 활약으로 임진왜란의 위기를 극복하였다.

⑤ 최씨 정권이 수도를 강화도로 옮겨 몽골과의 항전을 준비하였다.

다음 자료를 토대로 임진왜란에서 조선 수군의 활약이 어떤 의의가 있는지 쓰세요.

△ 임진왜란 해전도

임진왜란이 일어나자 조선 수군은 옥포 해전에서 일본군의 배 20여 척을 격침하며 승리를 거두었다. 이순신이 이끈 조선 수군은 판옥선, 거북선과 같은 전선의 장점을 활용한 효과적인 전술을 펼쳐 부산, 한산도 등 여러 곳에서 벌어진 일본군과의 전투에서 모두 승리를 거두었다.

✎ _____

_____

어휘를 익혀요

01 다음 뜻을 나타내는 낱말에 ○표 하세요.

❶ 전쟁에 참여하는 것 [참전 / 휴전]

❷ 곡식을 쌓아 두는 창고 [곡창 / 뒷간]

❸ 외적의 침입에 맞서 고장과 나라를 지키고자 스스로 조직한 군대 [용병 / 의병]

02 다음 빈칸에 들어갈 낱말을 찾아 선으로 이으세요.

❶ 피란 •

❷ 휴전 •

❸ 연합군 •

• ㉠ 국제 (   )이 전쟁에서 승리를 거두면서 전쟁이 끝이 났다.

• ㉡ (   )을 가는 사람들이 이어지는 가운데 선생고아가 생겼다.

• ㉢ 두 나라 간 (   ) 협정이 맺어졌지만 이후에도 소규모의 전투가 계속되었다.

03 다음 글에서 밑줄 친 낱말과 바꾸어 쓸 수 있는 낱말은 무엇인가요? [✎   ]

소정 | 어떤 일이 일어나기 전에 미리 <u>준비</u>를 한다면 그 일이 닥쳤을 때 잘 대처할 수 있어.

현호 | 맞아. 그렇다면 나는 이번 주에 치를 시험을 <u>준비</u>하기 위해 오늘부터 공부를 해야겠어.

① 대비   ② 대조   ③ 응대   ④ 채비   ⑤ 처리

07 호란의 발발과 전개

글을 읽으면서 중요하다고 생각하는 낱말에 색칠해 보세요.

가 조선에서는 임진왜란이 끝난 뒤 광해군이 왕위에 올라 전쟁의 피해를 [1]복구하는 데 힘썼어요. 광해군은 [2]성곽과 무기를 수리하고 토지 [3]대장과 호적을 정리하여 국가 재정을 늘렸어요. 조선에서 이러한 일들이 벌어지고 있을 무렵 중국에서는 여진이 후금을 세운 후 쇠약해진 명을 침략하였어요. 명은 조선에 군사를 보내 달라고 요청하였어요. 그러자 광해군은 명과 후금 사이에서 국가의 이익을 생각하여 적절히 대처하는 [4]중립 외교를 펼쳐 후금과의 충돌을 피하였어요. 서인 세력은 광해군의 외교 정책에 대해 명의 은혜를 저버리는 것이라며 비판하였어요. 이들은 광해군을 쫓아내고 인조를 왕으로 세우는 인조반정을 일으켰어요.

나 정권을 잡은 인조와 서인 세력은 명을 가까이 하고 후금을 멀리하는 친명배금 정책을 펼쳤어요. 이에 반발한 후금이 1627년 조선에 쳐들어왔어요. 이 사건을 정묘호란이라고 한답니다. 후금의 군대가 황해도까지 쳐들어오자 인조는 강화도로 피란하였고 조선의 관군과 의병이 후금에 맞서 싸웠어요. 후금은 명과의 전쟁에 집중하기 위하여 일단 조선과 형제 관계를 맺고 전쟁을 끝냈어요.

다 이후 후금은 조선에 정묘호란 때 맺은 형제 관계를 [5]군신 관계로 바꾸자고 요구하였어요. 조선 내에서는 후금과 싸우자는 의견과 외교적으로 해결하자는 의견이 [6]대립하였으나 결국 후금과 싸우자는 의견이 힘을 얻어 후금의 요구를 거절하였어요. 후금은 세력을 키워 나라 이름을 청으로 고치고 1636년 조선에 침입하였는데, 이를 병자호란이라고 해요. 전쟁이 일어나자 인조와 신하들은 급히 남한산성으로 피신하였어요. 청군이 남한산성을 포위한 가운데 식량은 부족해졌고 강화도에 피란 간 [7]왕족과 신하들까지 청의 포로가 되었어요. 이에 인조는 남한산성에서 나와 삼전도에서 청 태종에게 항복하고 군신 관계를 맺었어요. 이후 조선은 청에 많은 양의 조공을 바쳐야 하였고, 조선의 두 왕자와 신하, 백성이 청에 [8]인질로 끌려갔어요.

중심 낱말 찾기
01 각 문단의 중심 낱말에 ○표 하세요.

가 문단: 광해군은 [친명배금 / 중립 외교] 정책을 펼쳤다.

나 문단: 후금이 조선을 침략하면서 [병자호란 / 정묘호란]이 일어났다.

다 문단: 인조는 [충주성 / 남한산성]에서 항전하였으나 결국 청에 항복하였다.

내용 이해
02 광해군에 대한 검색 결과로 알맞지 <u>않은</u> 것은 무엇인가요? [ ]

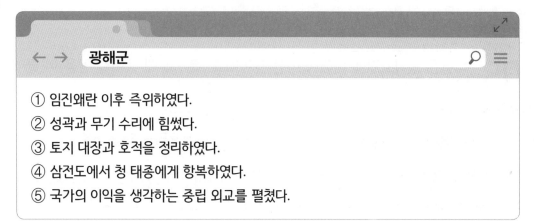

① 임진왜란 이후 즉위하였다.
② 성곽과 무기 수리에 힘썼다.
③ 토지 대장과 호적을 정리하였다.
④ 삼전도에서 청 태종에게 항복하였다.
⑤ 국가의 이익을 생각하는 중립 외교를 펼쳤다.

내용 이해
03 다음 ㄱ에 들어갈 사건을 이 글에서 찾아 쓰세요.

서인 세력은 광해군의 외교 정책 등을 비판하며 광해군을 쫓아내고 인조를 왕으로 세우는 (ㄱ   )을/를 일으켰다.

✎ _____

❶ **복구**: 잃어버리거나 죽나기 이전의 상태로 회복함.
❷ **성곽**: 적을 막기 위하여 흙, 돌 따위로 높이 쌓아 만든 담
❸ **대장**: 어떤 근거가 되도록 일정한 양식으로 기록한 장부
❹ **중립**: 어느 편에도 치우치지 않고 중간적인 입장에 섬.
❺ **군신**: 임금과 신하를 아울러 이르는 말
❻ **대립**: 의견, 처지, 속성 따위가 서로 반대되거나 모순됨.
❼ **왕족**: 임금의 일가
❽ **인질**: 약속 이행의 담보로 잡아 두는 사람

04 (가)에 들어갈 내용으로 알맞은 것은 무엇인가요? [✎   ]

호란의 발발과 전개 ▶ 인조반정 　　　(가)

후금이 청으로 국호 변경

병자호란 발발

인조가 청에 항복

① 정묘호란 발발　　　② 정유재란 발발　　　③ 행주 대첩 발발
④ 기벌포 전투 발발　　　⑤ 한산도 대첩 발발

05 다음은 병자호란에 대해 정리한 것이에요. ㄱ~ㄷ에 들어갈 말을 이 글에서 찾아 쓰세요.

배경	후금이 조선에 (ㄱ　　　　　) 관계 요구 → 조선의 거절
전개	후금이 국호를 (ㄴ　　　　　)으로 바꾸고 침입 → 인조가 남한산성으로 피신
결과	인조가 (ㄷ　　　　　)에서 청에 항복

✎ ㄱ:　　　　　　　　ㄴ:　　　　　　　　ㄷ:

06 광해군이 밑줄 친 '명령'을 내린 까닭을 알맞게 추론한 것은 무엇인가요? [✎   ]

후금의 침략을 받은 명이 지원군을 요청하자 광해군은 우선 강홍립에게 군대를 이끌고 명에 가도록 하였다. 그러는 한편 강홍립에게 상황에 따라 적절히 대처하라는 명령을 내렸다. 강홍립은 조선과 명의 연합군이 전투에서 패하자 후금에 항복하였다.

① 서인 세력이 반정을 일으켰기 때문이다.
② 후금의 군대가 황해도까지 쳐들어왔기 때문이다.
③ 후금이 조선에 형제 관계를 맺자고 하였기 때문이다.
④ 명에 대한 은혜를 지키는 것을 중요하게 여겼기 때문이다.
⑤ 명이 쇠퇴하고 후금이 강해지는 상황에서 후금과의 충돌을 피하려 하였기 때문이다.

어휘를 익혀요

01 다음 뜻을 나타내는 낱말을 쓰세요.

① 잃어버리거나 축나기 이전의 상태로 회복함. ☐ ☐

② 어느 편에도 치우치지 않고 중간적인 입장에 섬. ☐ ☐

③ 적을 막기 위하여 흙이나 돌 따위로 높이 쌓아 만든 담 ☐ ☐

02 다음 낱말의 뜻과 그 낱말이 들어갈 문장을 찾아 선으로 이으세요.

① 임금의 일가 •

② 약속 이행의 담보로 잡아 두는 사람 •

③ 의견이나 처지 등이 서로 반대되거나 모순됨. •

• ㄱ 대립 •

• ㄴ 왕족 •

• ㄷ 인질 •

• ⓐ 그는 ( )의 후예였다.

• ⓑ 강도가 시민을 ( )(으)로 삼았다.

• ⓒ 회사와 노동자 간 ( )이 심하였다.

03 다음 글의 밑줄 친 '대장'과 같은 뜻으로 사용된 문장은 무엇인가요? [ ]

> 무기의 출입을 기록하는 <u>대장</u>을 작성하여 무기 관리에 힘썼다.

① 탐험대의 <u>대장</u>이 앞장서 대원들을 이끌었다.

② 나는 어린 시절 동네에서 <u>대장</u> 노릇을 하였다.

③ 조선 총독은 현역 육해군 <u>대장</u> 가운데 임명되었다.

④ 그의 주 업무는 물품과 물품 <u>대장</u>을 맞추어 확인하는 것이었다.

⑤ <u>대장</u>이 건강하려면 식이섬유와 유산균이 풍부한 음식을 먹어야 한다.

08 사림과 붕당 정치

글을 읽으면서 중요하다고 생각하는 낱말에 색칠해 보세요.

가 조선 건국에 앞장선 사대부 중 세조가 왕이 되는 데 공을 세운 이들이 중심이 되어 훈구라는 세력을 이루었어요. 훈구는 대를 이어 권력을 차지하면서 왕권을 [1]제약하였어요. 반면, 조선 건국에 참여하지 않고 지방에서 학문 연구에 힘쓴 사대부의 제자들은 사림을 형성하였어요. 성종은 훈구가 지나치게 커지자 이들을 견제하기 위해 사림을 등용하였어요. 사림은 훈구 세력의 [2]부정한 행위를 비판하였고 이로 인해 사림과 훈구 간 갈등이 커졌어요.

나 성종의 뒤를 이어 왕이 된 연산군은 사림을 탄압하였어요. 이 과정에서 사림이 큰 피해를 입은 사건인 사화가 발생하였고 중종과 명종 때에도 사화가 일어났어요. 총 네 차례의 큰 사화로 많은 사림들이 큰 피해를 입었어요. 사화로 피해를 입은 사림들은 [3]향촌에서 꾸준히 세력을 키워 나갔어요. 사림은 [4]덕망 높은 유학자를 제사 지내고 성리학을 연구하는 기관인 서원을 지방 곳곳에 세웠어요. 또한 향촌의 [5]규약인 향약을 만들어 성리학 질서에 따라 향촌 사회를 운영하였어요. 이를 바탕으로 사림은 향촌에서 영향력을 넓혀 나갔어요.

다 선조 때에 정치의 주도권을 잡은 사림은 훈구에 대한 처리를 둘러싸고 두 세력으로 나뉘어 대립하였어요. 이 갈등은 이조 전랑이라는 관직에 어떤 인물이 오를 것인지를 두고 더욱 심해져 사림들은 ㉠ 동인과 서인으로 나뉘어 붕당을 형성하였어요. 이후 동인에서 나뉜 북인은 광해군의 정치를 도우며 정권을 장악하였지만 서인이 주도한 인조반정으로 [6]몰락하였어요. 이후 붕당 정치는 서인이 남인과 연합하는 형태로 운영되었어요. 서인과 남인은 상대 붕당을 존중하면서 비판과 견제를 통해 정치를 이끌어 갔어요. 그러나 현종 때 왕실 내에서 상복을 입는 기간을 놓고 서인과 남인이 대립하는 [7]예송이 일어나면서 붕당 간 갈등이 깊어졌어요. 붕당 정치는 숙종이 집권 붕당을 여러 차례 급격히 바꾸면서 그 성격이 크게 변하게 되었어요.

정답 103쪽

중심 낱말 찾기

01 각 문단의 중심 낱말을 찾아 쓰세요.

가 문단: 훈구와 ☐☐ 의 형성과 갈등

나 문단: 서원과 ☐☐ 에 기반한 사림의 성장

다 문단: 사림 내 갈등과 ☐☐ 의 형성

내용 이해

02 다음 특징을 지닌 세력에 ○표 하세요.

특징	훈구	사림
❶ 세조 즉위에 공을 세웠다.	☐	☐
❷ 네 차례의 사화로 큰 피해를 입었다.	☐	☐
❸ 지방에서 학문 연구에 힘쓴 사대부의 제자들이다.	☐	☐

내용 이해

03 다음 ㄱ, ㄴ에 들어갈 말을 이 글에서 찾아 쓰세요.

사림은 지방 곳곳에 (ㄱ)을/를 세워 훌륭한 유학자를 제사 지내고 성리학을 연구하였다. 또한 (ㄴ)을/를 만들어 향촌에 널리 보급하여 향촌에서의 영향력을 넓혀 나갔다.

✏️ ㄱ: _____ ㄴ: _____

---

❶ **제약**: 위력이나 위엄으로 약한 사람을 누름.

❷ **부정**: 바르지 아니하거나 옳지 못함.

❸ **향촌**: 시골의 마을

❹ **덕망**: 덕행으로 얻은 명성과 인망

❺ **규약**: 조직체 안에서 서로 지키도록 협의하여 정하여 놓은 규칙

❻ **몰락**: 재물이나 세력 따위가 쇠하여 보잘것없이 됨.

❼ **예송**: 예절에 관한 논란

04 ⊙과 같은 상황이 나타나게 된 원인으로 알맞은 것은 무엇인가요? [✎]

① 중종 때 사화가 발생하였다.

② 연산군이 사림을 탄압하였다.

③ 이조 전랑의 관직을 두고 사림이 대립하였다.

④ 숙종이 여러 차례 집권 붕당을 급격히 바꾸었다.

⑤ 왕실 내 상복을 입는 기간을 놓고 예송이 일어났다.

05 다음 내용이 맞으면 ◯, 틀리면 ✕에 표시하세요.

❶ 서인과 남인은 상대 붕당을 존중하면서 비판과 견제로 정치를 이끌어 나갔다. [◯ / ✕]

❷ 인조반정으로 서인이 몰락하자 이후 붕당 정치는 북인이 남인과 연합하는 형태로 운영되었다. [◯ / ✕]

06 다음 대화의 (가)에 들어갈 알맞은 내용을 쓰세요.

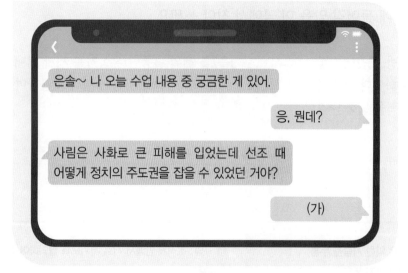

은솔~ 나 오늘 수업 내용 중 궁금한 게 있어.

응, 뭔데?

사림은 사화로 큰 피해를 입었는데 선조 때 어떻게 정치의 주도권을 잡을 수 있었던 거야?

(가)

어휘를 익혀요

01 다음 낱말의 뜻을 찾아 선으로 이으세요.

1 규약 •

2 덕망 •

3 향촌 •

• **ㄱ** 시골의 마을

• **ㄴ** 덕행으로 얻은 명성과 인망

• **ㄷ** 조직체 안에서 서로 지키도록 협의하여 정하여 놓은 규칙

02 다음 문장의 빈칸에 들어갈 낱말을 **보기**에서 찾아 쓰세요.

> **보기**
>
> 부정   연합   제약

1 정권의 (   )과 부패가 극심하였다.

2 강자가 약자를 힘으로 (   )하는 일이 빈번하였다.

3 위협을 느낀 백제와 신라는 (   )하여 고구려에 대항하였다.

03 다음 글에서 밑줄 친 낱말과 바꾸어 쓸 수 있는 낱말은 무엇인가요? [   ]

> 우리 집은 장안에서 알아주는 부잣집이었기 때문에 나는 경제적인 어려움 없이 자랐다. 그러나 거듭되는 아버지의 사업 실패로 집안이 <u>망하면서</u> 끼니를 잇는 것을 걱정할 처지에 이르렀다.

① 몰락하면서   ② 번성하면서   ③ 번영하면서

④ 융성하면서   ⑤ 창성하면서

09 영조와 정조의 개혁

글을 읽으면서 중요하다고 생각하는 낱말에 색칠해 보세요.

가 조선에서는 숙종 때부터 권력을 차지한 붕당이 상대 붕당에 ^①앙갚음을 하면서 붕당 간의 다툼이 자주 일어나고 정치가 혼란해졌어요. 이러한 붕당 정치의 폐단을 직접 겪은 영조는 붕당의 대립을 줄이고 왕권을 강화하려 하였어요. 이에 ㉠ 어느 한 세력에 치우지지 않고 ^②공정하게 인재를 뽑아 나라를 다스리는 ^③탕평책을 시행 하였어요. 또한 붕당의 기반이었던 서원을 대폭 정리하였어요. 영조는 탕평책으로 혼란한 정치를 어느 정도 안정시켰으나, 붕당 간의 갈등을 근본적으로 해결하지는 못하였어요. 한편, 영조는 군대에 직접 가는 대신 내던 ^④군포를 1년에 2필 내던 것 에서 1필로 줄이는 균역법을 실시하여 세금을 줄여 주었어요. 또한 가혹한 ^⑤형벌을 금지하여 백성의 생활을 안정시켰어요. 많은 책을 편찬하여 학문과 제도 정비에 힘 쓰기도 하였답니다.

나 영조의 손자로 왕위에 오른 정조는 적극적으로 탕평책을 시행하여 붕당에 관계 없이 능력이 있는 사람을 관리로 뽑았어요. 정조는 왕실 도서관인 규장각을 설치하 여 이곳에서 젊은 관리들에게 여러 학문을 연구하게 하였고 이들을 개혁 정치를 뒷 받침할 인재로 삼았어요. 또한 국왕을 ^⑥호위하는 부대인 장용영을 설치하여 왕권을 뒷받침하도록 하였어요. 정조는 상인들이 좀 더 자유롭게 물건을 팔 수 있도록 상업 활동을 보장하였고 노비의 처지를 ^⑦개선하려 하였어요.

다 정조는 새로운 정치를 실현하고자 수원에 화성을 건설하였어요. 정조는 이곳을 정치적, 군사적, 상업적 기능을 갖춘 도시로 발전시키려고 하였어요. 수원 화성은 조선의 새로운 과학 기술과 지식을 활용하여 건설되었어요. 무거운 물체를 옮기는 장치인 거중기와 녹로 등을 사용하여 공사 기간을 ^⑧단축한 것이지요. 수원 화성은 정조 시기의 우수한 과학 기술뿐만 아니라 건축 양식의 독창성 또한 인정받아 유네 스코 세계 문화유산으로 등재되었어요.

중심 낱말 찾기
01 각 문단의 중심 낱말에 ○표 하세요.

가 문단: 영조는 공정하게 인재를 뽑는 [균역법 / 탕평책]을 시행하였다.

나 문단: 정조는 [규장각 / 집현전]을 설치하여 개혁 정치를 뒷받침할 젊은 관리를 길러 냈다.

다 문단: 정조는 새로운 정치를 실현하고자 [남한산성 / 수원 화성]을 건설하였다.

내용 이해
02 영조가 ㉠의 정책을 펼친 이유를 이 글에서 찾아 쓰세요.

✎ _____

_____

내용 이해
03 영조가 펼친 정책으로 알맞은 것에 ○표 하세요.

| 서원 정리 | ☐ | 균역법 실시 | ☐ |

| 장용영 설치 | ☐ |

| 탕평책 시행 | ☐ | 수원 화성 건설 | ☐ |

❶ **앙갚음**: 남이 저에게 해를 준 대로 저도 그에게 해를 줌.

❷ **공정**: 공평하고 올바름.

❸ **탕평**: 어느 한쪽에 치우치지 않고 공평함.

❹ **군포**: 조선 시대에 병역을 면제하여 주는 대신으로 받아들이던 베

❺ **형벌**: 범죄에 대한 법률의 효과로서 국가 따위가 범죄자에게 제재를 가함.

❻ **호위**: 따라다니며 곁에서 보호하고 지킴.

❼ **개선**: 잘못된 것이나 부족한 것 등을 고쳐 더 좋게 만듦.

❽ **단축**: 시간이나 거리 따위가 짧게 줄어듦.

04 다음 에 들어갈 말을 이 글에서 찾아 쓰세요.

> (㉠)은/는 규장각을 설치하여 젊은 관리들을 육성하였고, 국왕의 호위 부대인 (㉡)을/를 설치하여 왕권을 뒷받침하는 군사 기반으로 삼았다.

✏️ ㉠:＿＿＿＿＿＿＿＿ ㉡:＿＿＿＿＿＿＿＿

05 수원 화성에 대해 <u>잘못</u> 말한 어린이는 누구인지 쓰세요.

보람	공사 과정에서 거중기와 녹로를 사용하였어.
성빈	가치를 인정받아 유네스코 세계 문화유산으로 등재되었어.
하랑	영조가 정치적, 군사적, 상업적 기능을 갖춘 도시로 발전시키려고 하였어.

✏️＿＿＿＿＿＿＿＿＿＿＿＿

06 다음 내용이 맞으면 ○, 틀리면 ✕에 표시하세요.

❶ 정조는 상인들이 좀 더 자유롭게 물건을 팔 수 있도록 해 주었다. [○ / ✕]

❷ 균역법이 실시되면서 백성은 군포를 1년에 1필 내던 것에서 2필로 늘려 내야 하였다.
[○ / ✕]

07 이 글을 읽은 어린이가 다음 자료를 보고 말한 내용으로 알맞은 것은 무엇인가요?

[✏️]

"두루 사귀면서 편을 가르지 않는 것이 군자의 공정한 마음이요, 편을 가르고 두루 사귀지 않는 것은 소인의 사사로운 마음이다."

▲ 영조가 남긴 탕평비

① 규장각의 설치 의지를 밝히고 있어.

② 영조는 집권 붕당을 급격히 바꾸었어.

③ 수원 화성을 세운 목적이 드러나 있어.

④ 영조는 붕당 정치의 폐단을 해결하고자 하였어.

⑤ 영조 즉위 당시 비판과 견제를 바탕으로 붕당 정치가 잘 행해졌어.

어휘를 익혀요

01 다음 뜻을 나타내는 낱말을 쓰세요.

① 시간이나 거리 따위가 짧게 줄어듦. ☐☐

② 남이 저에게 해를 준 대로 저도 그에게 해를 줌. ☐☐☐

③ 죄에 대한 법률의 효과로서 국가 따위가 범죄자에게 제재를 가함. ☐☐

02 다음 빈칸에 들어갈 낱말을 오른쪽 상자에서 찾아 쓰세요.

① 대통령은 경호원의 ☐☐ 를 받으며 해외로 출국
하였다. ★따라다니며 곁에서 보호하고 지킴.

호	포	위	시

② 노동자들은 열악한 노동 환경을 ☐☐ 하기 위해
노력하였다. ★잘못된 것이나 부족한 것 등을 고쳐 더 좋게 만듦.

악	조	선	개

③ 조선 후기에는 어린아이와 죽은 사람에게도 ☐☐
를 거두는 일이 일어났다. ★조선 시대에 병역을 면제하여 주는 대신으로
받아들이던 베

대	포	군	사

03 다음 글의 밑줄 친 '공정'과 같은 뜻으로 사용된 문장은 무엇인가요? [✎   ]

> 기자에게 <u>공정</u>한 보도를 해 달라고 요청하였다.

① 건물 공사가 거의 막바지 <u>공정</u>을 보이고 있다.

② 수많은 시민이 선거를 <u>공정</u>하게 치를 것을 주장하였다.

③ 누가 옳은지 <u>공정</u>에서 법률에 따라 판단하기로 하였다.

④ 공장의 생산품을 늘리기 위해 모든 <u>공정</u>을 자동화하여야 한다.

⑤ 그 집의 <u>공정</u>은 사람이 방문하지 않아 먼지만이 소복이 쌓여 있었다.

조선 후기 사회 변화와 실학

글을 읽으면서 중요하다고 생각하는 낱말에 색칠해 보세요.

가 조선 후기에는 경제적으로 큰 변화가 나타났어요. 논농사에서 **①**모내기법이 전국적으로 보급되면서 잡초를 뽑는 데 드는 일손을 덜게 되었고, **②**이모작이 가능해져 농업 생산량이 크게 늘어났어요. 이에 일부 농민은 경작지를 늘려 부유한 농민으로 성장한 반면 많은 농민은 머슴이 되거나 도시로 떠나야만 하였어요. 이 시기 상업도 활발해져 전국에 **③**장시가 들어섰고 대상인들이 나타났어요. 수공업의 발달로 장인들이 자유롭게 물품을 만들어 장시에 내다 팔기도 하였지요.

나 이 시기에는 양반 중심의 신분제가 크게 흔들렸어요. 적은 수의 양반이 권력을 차지하면서 향촌에서 겨우 위세만 유지하거나 몰락한 양반이 생겼어요. 한편, 부유해진 일부 농민과 상인은 정부가 돈이나 곡식을 받고 **④**발행한 관직 임명장인 공명첩을 사서 양반이 되었어요. 또한 호적과 족보를 고치기도 하였어요. 노비도 정부에 곡식을 내거나 **⑤**군공을 세워 신분을 상승하였고, 도망하여 노비 신분을 벗기도 하였어요. 그 결과 양반 수가 늘고 상민, 천민 수가 줄었어요.

다 조선 후기의 경제적·사회적 변화로 나타난 여러 문제에 대해 당시 학문은 제대로 대응하지 못하였어요. 이에 현실 문제에 관심을 두고 학문 연구의 결과를 실생활에 활용하여 현실 문제를 해결하려는 학문인 실학이 등장하였어요. 실학자 중 유형원, 이익, 정약용 등은 토지 제도를 바꾸는 것에 관심을 가지고 농업 중심의 개혁론을 내세웠어요. 유수원, 홍대용, 박지원, 박제가 등은 청의 문물을 받아들일 것을 주장하며 상공업 중심의 개혁론을 펼쳤어요. 실학을 **⑥**집대성한 정약용은 수원 화성을 설계하고 거중기를 만들었어요. **⑦**유배를 갔을 때 지방 관리의 도리를 설명한『목민심서』라는 책을 펴내기도 하였지요. 실학자들은 우리의 역사, 지리, 언어를 중요하게 여겼어요. 이 시기에 김정호는 산맥, 하천, 도로망 등을 자세히 표기한 우리나라 전도인「대동여지도」를 만들었어요.

중심 낱말 찾기

01 각 문단의 중심 낱말에 ○표 하세요.

가 문단: 조선 후기에는 [과전법 / 모내기법]이 전국적으로 보급되었다.

나 문단: 조선 후기에는 [양반 / 왕족] 중심의 신분제가 흔들려 양반 수가 늘고 상민, 천민 수가 줄었다.

다 문단: 조선 후기에는 현실 문제에 관심을 두는 [실학 / 성리학]이 등장하였다.

내용 이해

02 조선 후기의 경제적 변화가 맞으면 ○, 틀리면 X에 표시하세요.

1 장인들이 자유롭게 물품을 만들어 장시에 내다 팔았다. [○ / X]

2 일부 농민이 경작지를 늘려 부유한 농민으로 성장하였다. [○ / X]

3 모내기법이 실시되면서 잡초를 뽑는 데 드는 일손이 늘어났다. [○ / X]

내용 이해

03 이 글의 내용과 일치하지 <u>않는</u> 것은 무엇인가요? [🖉   ]

① 조선 후기에 대상인들이 나타났다.

② 조선 후기에는 양반의 수가 줄었다.

③ 조선 후기에 이모작이 가능해지면서 농업 생산량이 늘었다.

④ 조선 후기에 노비는 군공을 세워 신분을 상승하기도 하였다.

⑤ 공명첩은 조선 정부가 돈이나 곡식을 받고 발행한 관직 임명장이다.

---

❶ 모내기법: 모판에 모를 미리 길러서 논에 옮겨 심는 농사 방법

❷ 이모작: 같은 땅에서 1년에 종류가 다른 농작물을 두 번 심어 거둠.

❸ 장시: 보통 5일마다 열리던 사설 시장

❹ 발행: 화폐, 증권, 증명서 따위를 만들어 세상에 내놓아 널리 쓰도록 함.

❺ 군공: 군사상의 공

❻ 집대성: 여러 가지를 모아 하나의 체계를 이루어 완성함.

❼ 유배: 죄인을 먼 곳으로 귀양 보내던 일

04 조선 후기에 나타난 신분제의 변화에 대해 바르게 말한 어린이는 누구인지 쓰세요.

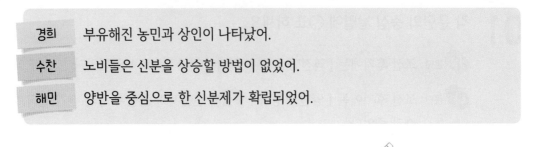

경희 부유해진 농민과 상인이 나타났어.

수찬 노비들은 신분을 상승할 방법이 없었어.

해민 양반을 중심으로 한 신분제가 확립되었어.

05 다음 ㄱ, ㄴ에 들어갈 내용을 이 글에서 찾아 쓰세요.

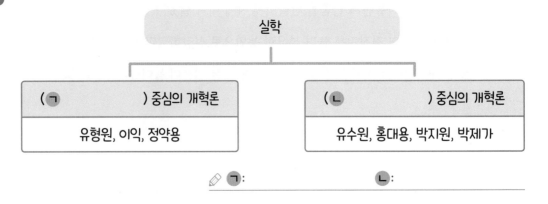

실학

(ㄱ   ) 중심의 개혁론

유형원, 이익, 정약용

(ㄴ   ) 중심의 개혁론

유수원, 홍대용, 박지원, 박제가

ㄱ: ㄴ:

06 조선 후기에 살았던 사람의 생활을 쓴 내용 중 알맞지 않은 것을 골라 기호를 쓰세요.

오늘 논에 나가 ㉠ 모내기한 벼가 잘 자라는지 살펴보고 잡초를 뽑고 왔다. 집에 돌아오니 행랑 앞에서 아낙들이 ㉡ 정부가 장시를 금지하여 불편하다는 둥, 옆 마을 김씨기 ㉢ 공명첩을 사서 양반 신분을 얻었다는 둥 여러 이야기를 나누고 있었다. 그때 주인어른께서 ㉣ 정약용 선생이 쓴 『목민심서』가 안 보이니 찾아보라 하셨다.

어휘를 익혀요

01 다음 낱말의 뜻을 찾아 선으로 이으세요.

① 군공 •

② 집대성 •

③ 모내기법 •

• ㉠ 군사상의 공

• ㉡ 여러 가지를 모아 하나의 체계를 이루어 완성함.

• ㉢ 모판에 모를 미리 길러서 논에 옮겨 심는 농사 방법

02 다음 밑줄 친 낱말의 뜻을 **보기**에서 찾아 기호를 쓰세요.

보기
㉠ 보통 5일마다 열리던 사설 시장
㉡ 같은 땅에서 1년에 종류가 다른 농작물을 두 번 심어 거둠.
㉢ 화폐, 증권, 증명서 따위를 만들어 세상에 내놓아 널리 쓰도록 함.

① 지방의 장시는 상품을 사고파는 장소였다. ( )

② 중국의 화남 지방은 이모작이 가능해 농업 생산량이 많은 지역이다. ( )

③ 대한민국 임시 정부는 독립운동에 필요한 돈을 마련하기 위해 독립 공채를 발행하였다.
( )

03 다음 밑줄 친 내용과 바꾸어 쓸 수 있는 낱말은 무엇인가요? [✎]

1900년대 초 최익현은 의병을 일으켜 전라북도 각지를 장악하였으나 정부군의 공격을 받고 패배하였다. 이후 최익현은 일제에 의해 재판을 받고 쓰시마섬에 보내져 그곳에 거주하며 생을 마감하였다.

① 유배되어 　　　　② 출강하여 　　　　③ 특파되어

④ 파견되어 　　　　⑤ 파병되어

조선 후기 서민 문화의 발달

글을 읽으면서 중요하다고 생각하는 낱말에 색칠해 보세요.

가 조선 후기에는 농업과 상공업이 발달하면서 경제적으로 ❶여유가 생긴 ❷서민들이 생겨났어요. 이 시기 ❸서당이 널리 보급되고 한글 사용이 늘어나면서 서민들의 의식도 성장하였어요. 서민들은 점차 예술 활동에 관심을 기울이기 시작하였어요. 이로 인해 조선 후기에는 양반뿐만 아니라 서민도 참여할 수 있는 문화가 발달하였는데 이를 서민 문화라고 불러요.

나 문학에서는 한글 소설이 유행하였어요. 한글 소설은 평범한 인물이 주인공으로 등장하여 양반 사회를 비판하거나 서민의 감정을 솔직하게 표현하는 내용이 많았어요. 대표적인 한글 소설로 ㉠『홍길동전』, 『춘향전』, 『심청전』, 『흥부전』 등이 있었어요. 한글 소설이 인기를 끌면서 돈을 받고 책을 읽어 주는 전기수라는 직업이 생기기도 하였어요. 또한 이 시기에는 형식에 얽매이지 않는 사설시조가 유행하였는데, 서민들의 솔직하고 소박한 감정을 자유롭게 표현한 작품이 많았어요.

다 그림에서는 당시 사람들의 생활 모습을 담은 풍속화가 유행하였어요. 대표적인 풍속화가인 김홍도는 백성의 일상생활을 ❹익살스럽게 그렸고, 신윤복은 주로 양반과 여성의 생활 모습을 표현하였어요. 대체로 작가가 알려지지 않은 그림인 민화도 사랑을 받았어요. 당시 사람들은 민화에 동물, 꽃, 문자 등을 그려 넣으며 복을 바랐어요. 민화는 주로 생활 공간을 장식하는 데 이용되었지요.

라 공연 예술에서는 판소리가 인기를 끌었어요. 판소리는 소리꾼이 북 장단에 맞추어 이야기를 노래와 말로 들려주는 공연이에요. 판소리는 ❺관객도 함께 참여할 수 있기 때문에 서민들의 큰 ❻호응을 얻었고 양반들도 즐기는 문화로 발전하였답니다. 조선 후기에는 얼굴에 탈을 쓰고 하는 연극인 탈놀이도 유행하였어요. 탈놀이는 백성의 생각이나 감정을 솔직하게 표현하고 양반 사회를 비판하는 내용이 많았어요. 이러한 공연은 주로 사람들이 많이 모이는 지방 장시나 ❼포구 등에서 행해졌어요.

정답 106쪽

중심 낱말 찾기

01 다음 빈칸에 공통으로 들어갈 낱말을 이 글에서 찾아 쓰세요.

> 조선 후기에는 농업과 상공업이 발달하면서 ☐☐의 경제력이 높아졌고, 서당이
> 보급되면서 ☐☐ 의식도 성장하였다. 그리하여 ☐☐들이 문화의 주인공으
> 로 참여하는 ☐☐ 문화가 발달하였다.

✎ _____

내용 이해

02 ㉠에 대한 설명으로 알맞지 <u>않은</u> 것은 무엇인가요?　　[✎　　]

① 조선 후기에 유행하였다.

② 한문으로 쓰인 소설이다.

③ 주로 평범한 인물이 주인공으로 등장하였다.

④ 조선 후기에는 전기수가 이러한 작품을 읽어 주었다.

⑤ 양반 사회를 비판하거나 서민의 감정을 드러낸 내용이 많았다.

내용 이해

03 가~라 문단 중 다음 자료와 관련된 문단의 기호를 쓰세요

△ 김홍도의 「서당」

△ 신윤복의 「단오풍정」

✎ _____

---

❶ **여유:** 물질적·공간적·시간적으로 넉넉하여 남음이 있는
　 상태

❷ **서민:** 벼슬이나 신분적 특권을 갖지 못한 보통 사람

❸ **서당:** 조선 시대에 있었던 초등 교육 기관

❹ **익살:** 남을 웃기려고 일부러 하는 말이나 몸짓

❺ **관객:** 운동 경기, 공연, 영화 따위를 보거나 듣는 사람

❻ **호응:** 부름이나 호소 따위에 대답하거나 응함.

❼ **포구:** 강이나 바닷가에 배가 드나드는 어귀

04 다음 ㄱ, ㄴ에 들어갈 내용을 이 글에서 찾아 쓰세요.

> 조선 후기에는 당시 사람들의 생활 모습을 생동감 있게 그린 (ㄱ   )이/가 유행하였다. 당시 사람들은 동물, 꽃, 문자 등을 소재로 삼아 (ㄴ   )을/를 그렸는데, 복을 바라는 서민의 정서가 담긴 작품이 많으며 주로 생활 공간을 장식하는 데 이용되었다.

✏️ ㄱ: ㄴ:

05 다음 퀴즈 내용이 맞으면 ○, 틀리면 ✕에 표시하세요.

Quiz **1**	전기수는 판소리의 소리꾼이다?	○	✕
Quiz **2**	판소리는 양반에게도 호응을 얻었다?	○	✕
Quiz **3**	민화는 주로 도화서 화원들이 그렸다?	○	✕
Quiz **4**	탈놀이는 얼굴에 탈을 쓰고 하는 연극이다?	○	✕

06 조선 후기에 다음과 같은 작품이 유행한 배경을 바르게 말한 어린이는 누구인지 쓰세요.

> "평생 서럽기를 아버지를 아버지라고 부르지 못하고, 형을 형이라고 못하여 모두가 천하게 보고, 친척도 아무개의 천한 소생이라 이르오니 이런 원통한 일이 어디에 있습니까?" 길동은 한갓 눈물을 흘릴 뿐이었다.
> — 『홍길동전』

누리	노비 제도가 법적으로 폐지되었어.
아정	글을 읽고 쓸 수 있는 서민들이 늘어났어.
현석	양반을 중심으로 문예 활동이 활발히 이루어졌어.

✏️ _____

어휘를 익혀요

01 다음 뜻을 나타내는 낱말에 ◯표 하세요.

1 강이나 바닷가에 배가 드나드는 어귀 [포구 / 해저]

2 남을 웃기려고 일부러 하는 말이나 몸짓 [익살 / 풍자]

3 벼슬이나 신분적 특권을 갖지 못한 보통 사람 [서민 / 자유민]

02 다음 빈칸에 들어갈 낱말을 오른쪽 상자에서 찾아 쓰세요.

1 ' ☐☐★ 개 삼 년에 풍월을 읊는다.'라는 옛 속담이

있다. ★조선 시대에 있었던 초등 교육 기관

2 농촌에 농기계가 ☐☐★ 되면서 농업 생산량이 크

게 늘어났다. ★널리 펴서 많은 사람들에게 골고루 미치게 하여 누리게 함.

3 그는 ☐☐★ 시간에 책을 읽고 글을 쓰는 등 취미

생활을 하였다. ★물질적·공간적·시간적으로 넉넉하여 남음이 있는 상태

재	판	서	당
가	족	구	성
여	성	문	화
유	기	명	창
국	보	급	문

03 다음 대화의 ㉠, ㉡에 들어갈 낱말을 옳게 연결한 것은 무엇인가요? [✎]

주말에 연극 공연을 했는데 공연을 보는 (㉠)이/가 엄청나게 많았어.

와, 공연할 때 많은 사람이 (㉡)해 주면 정말 신나겠다!

	㉠	㉡			㉠	㉡
①	관객	호령		②	관객	호응
③	관객	호통		④	주인공	호응
⑤	주인공	호통				

12 세도 정치 시기의 사회 혼란

글을 읽으면서 중요하다고 생각하는 낱말에 색칠해 보세요.

가 조선에서는 정조가 갑자기 죽고 나이 어린 순조가 왕이 되면서 왕실과 혼인한 외척 가문이 나라의 권력을 잡는 ^①세도 정치가 나타났어요. 세도 가문이 높은 벼슬을 차지하고 ^②군영의 지휘권을 장악하면서 왕권이 약해졌어요. 관직을 사고파는 일도 흔하게 일어났지요. 일부 관리들은 세도 가문에 바칠 ^③뇌물을 마련하거나 재산을 늘리기 위해 세금을 마음대로 거두었어요.

나 세도 정치 시기 관리들의 ^④부정부패로 백성의 생활은 매우 어려웠어요. 자연재해와 전염병이 빈번한데도 농민들은 여러 세금을 계속해서 내야만 하였어요. 당시 세금에는 토지를 대상으로 한 전정, 군포는 거두는 군정, 봄에 곡식을 빌려주었다가 이자를 붙여 가을에 갚는 환곡의 삼정이 있었어요. 부패한 관리들은 여러 구실을 붙여 정해진 양 이상의 세금을 거두었고, 죽은 사람이나 어린아이에게도 군포를 징수하였어요. 필요하지 않은 사람에게 억지로 곡식을 빌려준 뒤 갚게 하기도 했지요. 삼정의 ^⑤문란은 백성을 몹시 괴롭혔어요.

다 지배층의 수탈로 고통 받던 농민들은 세금 내는 것을 ^⑥거부하거나 지방 관리의 ^⑦비리를 고발하기도 하였어요. 이러한 저항은 점차 큰 규모의 봉기로 발전하였어요. 1811년 평안도 가산에서는 홍경래의 난이 일어났어요. 평안도는 상공업이 크게 발달한 지역이었으나 세도 정권의 수탈이 매우 심하였고 평안도민은 차별을 받았어요. 이에 불만을 품은 홍경래 등 몰락 양반과 신흥 상공업자들이 농민, 광산 노동자, ^⑧품팔이꾼 등을 모아 봉기를 일으킨 것이지요. 홍경래의 난은 실패하였지만 이후 일어난 농민 봉기에 큰 영향을 주었어요. 1862년에는 진주의 농민들이 관리의 수탈에 저항하여 몰락 양반 유계춘을 중심으로 봉기하였어요. 진주 농민 봉기는 곧 이웃 마을로 퍼져 전국적으로 확산되었는데 이를 임술 농민 봉기라고 해요. 정부는 봉기를 수습하고 삼정의 문란을 바로잡으려 하였으나 큰 성과를 거두지는 못하였어요.

중심 낱말 찾기

01 각 문단의 중심 낱말에 ◯표 하세요.

가 문단: 나이 어린 순조가 왕이 되면서 [붕당 정치 / 세도 정치]가 나타났다.

나 문단: 세도 정치 시기 [삼정 / 실학]의 문란으로 백성들이 고통을 받았다.

다 문단: 1811년 평안도 가산에서는 [홍경래의 난 / 임술 농민 봉기]이/가 일어났다.

내용 이해

02 세도 정치 시기의 모습이 맞으면 ◯, 틀리면 ✕에 표시하세요.

1 관직을 사고파는 일이 흔하게 일어났다. [◯ / ✕]

2 죽은 사람이나 어린아이에게 군포를 징수하기도 하였다. [◯ / ✕]

3 강력한 왕권으로 붕당 간의 대립을 누르면서 정치가 안정되었다. [◯ / ✕]

4 일부 관리들이 세도 가문에 바칠 뇌물을 마련하기 위해 백성에게 세금을 마음대로 거두었다. [◯ / ✕]

내용 이해

03 조선 시대의 삼정에 해당하는 것에 ◯표 하세요.

☐ 공물   ☐ 군정   ☐ 음서

☐ 전정   ☐ 환곡   ☐ 공음전

1 **세도**: 정치상의 권세 또는 그 권세를 마구 휘두르는 일
2 **군영**: 군대가 주둔하는 곳
3 **뇌물**: 어떤 직위에 있는 사람을 자기편으로 만들어 이용하기 위하여 넌지시 건네는 부정한 돈이나 물건
4 **부정부패**: 바르지 못하고 타락함.

5 **문란**: 도덕, 질서, 규범 따위가 어지러움.
6 **거부**: 요구나 제의 따위를 받아들이지 않고 물리침.
7 **비리**: 올바른 이치나 도리에서 어그러짐.
8 **품팔이꾼**: 품삯을 받고 남의 일을 해 주면서 살아가는 사람

04 홍경래의 난이 일어난 이유로 알맞은 것을 두 가지 고르세요. [,]

① 평안도민이 차별을 받았다.

② 정부가 삼정의 문란을 바로잡으려 하였다.

③ 네 차례의 사화로 사림이 큰 피해를 입었다.

④ 상공업이 발달한 평안도 지역에 대한 세도 정권의 수탈이 심하였다.

⑤ 무신 집권자의 등장으로 신분 상승에 대한 백성의 기대감이 높아졌다.

05 다음 사건이 일어난 순서에 맞게 번호를 쓰세요.

 진주 농민 봉기가 전국적으로 확산되었다.

 평안도 가산에서 홍경래의 난이 일어났다.

 진주 농민들이 유계춘을 중심으로 봉기하였다.

 순조가 왕이 되면서 외척 가문이 권력을 잡았다.

06 다 문단을 읽고 홍경래의 난에 대해 잘못 말한 어린이는 누구인지 쓰세요.

 홍경래의 난이 전국으로 확산된 것이 임술 농민 봉기야.

다정

 광산 노동자가 봉기에 참여하였다는 것은 당시 평안도에 광산이 있었음을 알려 줘.

찬이

 신흥 상공업자들이 봉기를 주도한 것을 통해 평안도 지역에서 상공업이 발달하였음을 알 수 있어.

혜영

어휘를 익혀요

01 다음 뜻을 나타내는 낱말을 쓰세요.

❶ 정치상의 권세 또는 그 권세를 마구 휘두르는 일 ☐☐

❷ 요구나 제의 따위를 받아들이지 않고 물리침. ☐☐

❸ 품삯을 받고 남의 일을 해 주면서 살아가는 사람 ☐☐☐☐

02 다음 빈칸에 들어갈 낱말을 찾아 선으로 이으세요.

❶ 문란 •

❷ 군영 •

❸ 비리 •

• ㉠ 군인들은 (　　　　)에서 별도의 명령이 있을 때까지 대기하였다.

• ㉡ 사회 질서가 (　　　　)해 지면서 각종 범죄가 급격하게 늘어났다.

• ㉢ 정부는 공무원들의 (　　　　)을/를 철저히 조사할 것이라 발표하였다.

03 다음 글에서 밑줄 친 내용과 바꾸어 쓸 수 있는 낱말은 무엇인가요? [✎　　]

그는 세도가에게 은밀히 건넨 각종 비단, 금은보화 등 비싼 재물을 통해 지방 수령으로 부임하였다. 부임한 후에는 수령이 되기 위해 바친 재물을 채우기 위해 농민의 땅을 불법으로 빼앗아 재산을 늘리기 바빴다.

① 기부　　　② 관직　　　③ 뇌리　　　④ 뇌물　　　⑤ 삼정

13 흥선 대원군의 정책

글을 읽으면서 중요하다고 생각하는 낱말에 색칠해 보세요.

가 세도 정치와 농민들의 봉기로 혼란스러웠던 시기에 고종이 왕으로 즉위하였어요. 고종의 나이가 어렸던 탓에 그의 아버지 흥선 [1]대원군이 나랏일을 도맡았어요. 흥선 대원군은 세도 정치의 잘못된 점을 고치고 국왕 중심으로 정치를 운영하기 위한 정책을 펼쳤어요.

나 흥선 대원군은 왕권을 강화하기 위해 세도 가문의 인물을 몰아내고 인재를 골고루 등용하였어요. 한편, 세도 정권 시기의 핵심 권력 기구로 왕권을 제약하는 역할을 하였던 비변사라는 기구가 있었어요. 비변사는 원래 [2]임시로 설치된 기구였으나 왜란과 호란을 거치며 모든 업무를 [3]총괄할 정도로 기능이 강화되었지요. 흥선 대원군은 이러한 비변사의 기능을 축소하였어요.

다 흥선 대원군은 수백 개의 서원 중 일부만 남기고 대부분의 서원을 정리하는 정책도 펼쳤어요. 당시 서원은 지방 양반들의 세력 기반이 되어 세금을 [4]면제받고 부당하게 재산을 쌓아 백성의 [5]원성을 사고 있었어요. 서원을 없애면서 국가 재정이 늘고 민생이 안정되었어요. 그러나 양반들은 이 정책에 크게 반발하였어요.

라 흥선 대원군은 왕실의 위엄을 높이기 위해 임진왜란 때 불탄 경복궁을 다시 지었어요. 공사에 필요한 돈을 모으기 위해 강제로 [6]기부금을 거두었고 [7]고액 화폐인 당백전을 발행하면서 물가가 크게 오르기도 하였어요. 공사에 백성을 강제로 동원하면서 백성의 불만이 높아지기도 하였지요.

마 한편, 삼정의 문란을 해결하기 위해 세금도 정비하였어요. 흥선 대원군은 전정의 문란을 해결하기 위해 토지 대장에서 빠진 땅을 찾아 세금을 거두었고, 군정의 폐단을 고치기 위해 호포제를 실시하여 상민만 내던 군포를 양반에게까지 내도록 하였어요. 또한 환곡을 개혁하기 위해 [8]민간에서 곡식을 저장하였다가 빌려주도록 한 사창제를 실시하였어요. 이러한 정책으로 농민의 부담이 다소 줄어들었어요.

중심 낱말 찾기

01 각 문단의 중심 낱말에 ○표 하세요.

가 문단: 고종이 왕이 되자 [사도 세자 / 흥선 대원군]이/가 나랏일을 도맡았다.

나 문단: 흥선 대원군은 [비변사 / 도병마사]의 기능을 축소하였다.

다 문단: 흥선 대원군은 [서원 / 향교]의 일부만 남기고 대부분 정리하였다.

라 문단: 흥선 대원군은 임진왜란 때 불탄 [경복궁 / 수원 화성]을 다시 지었다.

마 문단: 흥선 대원군은 [사창제 / 호패법]을/를 실시하였다.

내용 이해

02 흥선 대원군이 집권할 무렵의 상황에 대해 바르게 말한 어린이는 누구인지 쓰세요.

범수	세도 정치로 사회가 혼란하였어.
소정	사림이 동인과 서인으로 나뉘어 붕당을 형성하였어.
아린	훈구가 대를 이어 권력을 독점하면서 왕권을 제약하였어.

✏ _____

내용 이해

03 비변사에 대한 설명으로 알맞지 <u>않은</u> 것은 무엇인가요?   [✏   ]

① 원래 임시 기구로 설치되었다.

② 흥선 대원군 때 기능이 축소되었다.

③ 학문을 연구하는 왕실의 도서관이었다.

④ 왜란과 호란을 거치며 모든 업무를 총괄하였다.

⑤ 세도 정권 시기에 핵심 권력 기구의 역할을 하였다.

❶ 대원군: 돌아가신 왕에게 자식이 없어 친척이 대신 왕이 될 때, 그 왕의 친아버지에게 주는 칭호
❷ 임시: 미리 정하지 않고 그때그때 필요에 따라 정한 것
❸ 총괄: 모든 일을 한데 묶어 관할함.
❹ 면제: 책임이나 의무 따위를 면하여 줌.
❺ 원성: 원망하는 소리
❻ 기부금: 자선 사업이나 공공사업을 돕기 위하여 대가 없이 내놓은 돈
❼ 고액: 많은 액수
❽ 민간: 일반 백성들 사이

04 다음 설명이 맞으면 ○, 틀리면 ×에 표시하세요.

① 흥선 대원군은 서원의 건설을 적극 지지하였다. [○ / ×]

② 경복궁 공사에 백성을 강제로 동원하면서 백성의 불만이 높아졌다. [○ / ×]

05 다음에서 설명하는 화폐를 이 글에서 찾아 쓰세요.

> 경복궁을 다시 짓는 공사에 필요한 돈을 모으기 위해 발행한 고액 화폐이다. 이를 발행하면서 물가가 크게 오르기도 하였다.

_____

06 다음은 흥선 대원군의 세금 정비 내용을 정리한 것이에요. ㄱ, ㄴ에 들어갈 알맞은 내용을 쓰세요.

전정의 문란 해결	토지 대장에서 빠진 땅을 찾아 세금을 거둠.
군정의 폐단 해결	(ㄱ) 실시: 양반에게도 군포를 내도록 함.
환곡 개혁	(ㄴ) 실시: 민간에서 곡식을 저장하였다가 빌려줌.

ㄱ: _____   ㄴ: _____

07 흥선 대원군이 다음과 같은 명령을 내린 이유를 추론하여 쓰세요.

#05 흥선 대원군과 신하의 대화

- 흥선 대원군: 백성에게 해되는 것이 있으면 비록 공자가 다시 살아난다 하더라도 나는 용서하지 않겠다. 나라 안 서원을 모두 허물도록 하라.
- 신하: 서원을 없앤다 하면 지방 유생들과 양반의 원성이 클 것이옵니다.

_____

_____

어휘를 익혀요

01 다음 낱말의 뜻을 찾아 선으로 이으세요.

1 원성 •

2 총괄 •

3 기부금 •

• ㄱ 원망하는 소리

• ㄴ 모든 일을 한데 묶어 관할함.

• ㄷ 자선 사업이나 공공사업을 돕기 위하여 대가 없이 내놓은 돈

02 다음 문장의 빈칸에 들어갈 낱말을 보기에서 찾아 쓰세요.

> **보기**
>
> 고액   민간   임시

1 입시철이 다가오면서 (   )의 불법 과외가 유행하였다.

2 폭우로 둑이 무너지면서 학교에 (   ) 대피 장소를 마련하였다.

3 민화는 왕실에서 (   )에 이르기까지 생활 공간을 장식하는 데 이용되었다.

03 다음 글에서 밑줄 친 낱말과 바꾸어 쓸 수 있는 낱말은 무엇인가요? [   ]

> 조선 정부는 서원 설립을 장려하고 주요 서원을 사액 서원으로 정하여 서원의 이름이 적힌 현판을 내려 주었다. 사액 서원에 토지와 노비, 서적 등을 지급하고 세금 납부에서 <u>제외</u>하였다.

① 도피   ② 면상   ③ 면제   ④ 제거   ⑤ 회피

외세의 침략과 조선의 대응

글을 읽으면서 중요하다고 생각하는 낱말에 색칠해 보세요.

가 19세기 들어 조선의 바닷가에는 ❶이양선이라고 불린 서양 배가 자주 나타나 조선의 해안을 ❷측량하고 ❸통상을 요구하였어요. 조선 정부는 이들의 통상 요구가 침략으로 이어질 것이라 여겨 이를 거절하였어요.

나 한편, 러시아가 ❹남하하면서 조선에 접근하자 흥선 대원군은 프랑스 선교사를 통해 프랑스를 끌어들여 러시아를 막으려 하였어요. 하지만 계획은 뜻대로 되지 않았고 양반 유생들이 ❺천주교를 금지할 것을 거세게 주장하였어요. 이에 흥선 대원군은 프랑스 신부들과 수천 명의 천주교도들을 ❻처형하였어요(병인박해, 1866년). 병인박해가 일어난 뒤 프랑스는 군대를 보내 강화도를 침략하였어요. 이를 병인양요라고 한답니다. 병인양요가 일어나자 조선의 한성근, 양헌수 부대 등이 프랑스군을 막아 냈어요. 이때 프랑스군은 물러가면서 강화도의 외규장각에 보관되어 있던『의궤』를 비롯한 귀중한 도서와 보물 등을 약탈해 갔어요.

다 병인양요가 일어나기 전 미국의 제너럴 셔먼호라는 배가 평양의 대동강에 나타나 조선에 통상을 요구하는 일이 있었어요. 조선 관리가 통상을 거절하자 미국 선원들은 횡포를 부렸고 평양 주민들은 제너럴 셔먼호를 불태워 ❼침몰시켰지요. 미국은 이 사건을 구실로 1871년 조선에 통상을 요구하며 강화도를 침략하였는데 이를 신미양요라고 한답니다. 광성보에서 어재연이 이끄는 조선의 수비대가 미군에 저항하였으나 광성보는 함락되었어요. 그럼에도 불구하고 조선군의 저항이 거세자 미군은 스스로 물러갔어요.

라 병인양요와 신미양요를 겪은 후 흥선 대원군은 전국 각지에 척화비라는 비석을 세웠어요. 척화비를 통해 서양과 교류하지 않겠다는 의지를 널리 알리고 통상 ❽수교 거부 정책을 강화하였어요. 흥선 대원군의 정책은 서양 세력의 침략을 일시적으로 막는 데 성공하였으나 조선의 근대화가 늦어지는 결과를 가져오기도 하였답니다.

글을 이해해요

정답 109쪽

중심 낱말 찾기

01 각 문단의 중심 낱말을 찾아 쓰세요.

가 문단: 19세기 ☐☐☐ 의 등장과 통상 요구

나 문단: ☐☐☐☐ 와 외규장각 도서 약탈

다 문단: ☐☐☐☐ 와 조선군의 저항

라 문단: ☐☐☐ 의 건립과 통상 수교 거부 정책

내용 이해

02 다음 내용이 맞으면 ○, 틀리면 X에 표시하세요.

❶ 19세기 이양선이 조선의 바닷가에 자주 나타났다. [○ / X]

❷ 흥선 대원군은 프랑스를 끌어들여 러시아의 남하를 막았다. [○ / X]

내용 추론

03 이 글을 읽은 학생이 다음을 주제로 발표를 할 때 그 내용으로 알맞지 않은 것은 무엇인가요? [✎]

> **병인양요의 전개와 그로 인한 피해**

① 한성근 부대의 활약

② 제너럴 셔먼호 사건의 경과

③ 양헌수 부대의 프랑스군 격퇴

④ 프랑스군의 강화도 침략 경로

⑤ 외규장각에 보관된 『의궤』의 행방

---

❶ **이양선**: 모양이 다른 배라는 뜻으로, 다른 나라의 배를 이르는 말

❷ **측량**: 지형의 높낮이, 면적 따위를 재는 일

❸ **통상**: 나라들 사이에 물건 등을 사고파는 것

❹ **남하**: 남쪽으로 내려감.

❺ **천주교**: 가톨릭교를 이르는 말로, 로마 교황을 교회의 대표자로 인정하는 종교

❻ **처형**: 사형에 처함.

❼ **침몰**: 물속에 가라앉음.

❽ **수교**: 나라와 나라 사이에 교제를 맺음.

04 (가)에 들어갈 내용으로 알맞은 것은 무엇인가요? [🖉]

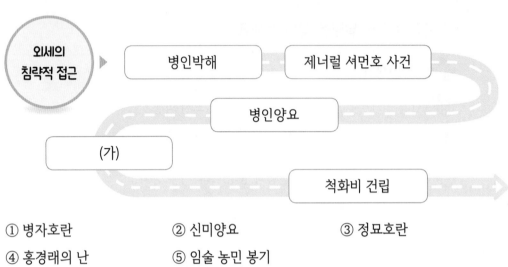

① 병자호란   ② 신미양요   ③ 정묘호란

④ 홍경래의 난   ⑤ 임술 농민 봉기

05 다음 인물과 그 활동을 선으로 이으세요.

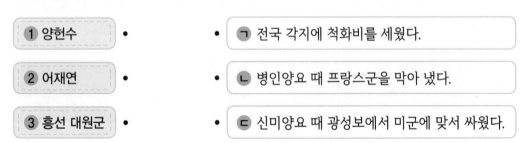

06 이 글을 토대로 척화비에 새겨진 내용을 추론한 것으로 알맞은 것은 무엇인가요?

[🖉]

① 토지 제도가 바로잡히면 모든 일이 제대로 될 것이다.

② 나라의 말이 중국과 달라 문자와 서로 통하지 않는다.

③ 두루 사귀면서 편을 가르지 않는 것이 군자의 공정한 마음이다.

④ 서양 오랑캐가 침범하였을 때 싸우지 않는 것은 화친하는 것이다.

⑤ 천주교가 빠르게 확산되고 있으니 나라의 기강을 위해 유교를 금하는 것이 마땅하다.

어휘를 익혀요

01 다음 뜻을 나타내는 낱말에 ◯표 하세요.

1 남쪽으로 내려감. [남하 / 북진]

2 나라들 사이에 물건 등을 사고파는 것 [수교 / 통상]

3 모양이 다른 배라는 뜻으로, 다른 나라의 배를 이르는 말 [유람선 / 이양선]

02 다음 밑줄 친 낱말의 뜻을 **보기**에서 찾아 기호를 쓰세요.

> **보기**
> ㉠ 나라와 나라 사이에 교제를 맺음.
> ㉡ 지형의 높낮이, 면적 따위를 재는 일
> ㉢ 가톨릭교를 이르는 말로, 로마 교황을 교회의 대표자로 인정하는 종교

1 삼국에서는 토지를 <u>측량</u>하는 데 수학 지식을 활용하였다. (   )

2 두 나라는 <u>수교</u>를 계기로 문화 교류를 활발히 하기로 하였다. (   )

3 아담 샬은 소현 세자에게 서양 학문과 <u>천주교</u>의 교리를 알려 주었다. (   )

03 다음 대화의 빈칸에 공통으로 들어갈 낱말로 알맞은 것은 무엇인가요? [✎   ]

오늘 뉴스 봤어?
유조선이 (   )되면서 기름이
계속 유출되고 있대.

봤어. 배가 (   )되기 전에
다행히 사람들은 다
빠져나왔다고 하더라.

① 공략   ② 전멸   ③ 추락   ④ 침몰   ⑤ 함락

15 조선의 개항

글을 읽으면서 중요하다고 생각하는 낱말에 색칠해 보세요.

가 19세기 후반, 서양 ❶열강의 침략으로 조선에서는 위기감이 높아졌어요. 반면 서양과 교류하여 발달된 문물을 받아들여야 한다고 주장하는 사람들이 나타나기도 하였지요. 이들 중에는 청을 왕래하면서 서양 문물을 접한 사람들이 많았어요. ㉠ 이 무렵 흥선 대원군이 물러나고 고종이 직접 정치에 나서게 되면서 통상 수교 거부 정책이 ❷완화되자 서양과 교류해야 한다는 주장은 더욱 강해졌어요.

나 이렇듯 조선의 대외 정책에 변화가 생기자 일본은 조선을 ❸개항시키려고 하였어요. 일본은 강화도 초지진에 운요호라는 ❹군함을 보내 무력으로 위협하면서 통상을 요구하였어요. 조선군이 경고의 의미로 대포를 쏘자 운요호는 초지진을 공격하고 영종도에 가서 살인과 약탈을 저질렀어요. 이를 운요호 사건이라고 해요. 이후 일본은 운요호 사건을 구실로 조선에 개항을 강요하였어요.

다 결국 1876년 조선 정부는 일본과 강화도 ❺조약을 맺고 개항하였어요. 강화도 조약은 조선이 외국과 맺은 최초의 근대적 조약인 동시에 ❻불평등한 조약이었어요. 이 조약에서는 조선이 일본과 평등한 권리를 보유한다고 했어요. 하지만 실상은 일본에 유리하고 조선에 불리한 내용을 담고 있었어요. 조약에는 부산을 비롯한 3개 항구를 개항할 것, 일본의 조선에 대한 해안 측량권을 허가할 것, 치외 법권을 규정할 것 등이 포함되었어요. 치외 법권을 인정함에 따라 조선 내에 거주하는 일본인은 조선의 법률에 따르지 않고 일본국 관리에게 심판받을 수 있게 되었어요.

라 강화도 조약 체결 이후 청이 조선과 미국의 수교를 적극 ❼알선하고 조선 내에서도 미국과 연합할 것을 주장하는 이들이 나타났어요. 그 결과 조선은 미국과 조미 수호 통상 조약을 체결하였어요. 이후 조선은 영국, 독일, 러시아 등과도 조약을 맺고 ❽문호를 확대하였어요. 이때 맺은 조약들은 모두 조선에 불리한 내용을 담은 불평등 조약이었어요.

글을 이해해요

정답 110쪽

중심 낱말 찾기

01 각 문단의 중심 낱말에 ◯표 하세요.

가 문단: [고종 / 흥선 대원군]이 직접 정치에 나서면서 통상 수교 거부 정책이 완화되었다.

나 문단: [미국 / 일본]은 강화도에 운요호를 보내 통상을 요구하였다.

다 문단: 조선은 일본과 [강화도 조약 / 조미 수호 통상 조약]을 맺고 개항하였다.

라 문단: 조선은 미국, 영국, 독일, 러시아와 [평등 / 불평등] 조약을 맺었다.

내용 이해

02 ㉠ 시기에 조선이 처한 상황으로 알맞지 <u>않은</u> 것은 무엇인가요? [ ]

① 고종이 직접 정치에 나섰다.

② 일본이 조선을 개항시키려 하였다.

③ 통상 수교 거부 정책이 완화되었다.

④ 흥선 대원군이 나랏일을 맡아 개혁 정치를 펼쳤다.

⑤ 서양의 문물을 받아들여야 한다고 주장하는 사람들이 등장하였다.

내용 이해

03 다음 ㉠에 들어갈 말을 이 글에서 찾아 쓰세요.

일본은 (㉠   )을/를 강화도에 보내 초지진을 공격하고, 영종도에 상륙하여 살인과 약탈을 저질렀다.

❶ **열강**: 국제 문제에서 큰 역할을 담당하고 있는 여러 강한 나라

❷ **완화**: 긴장된 상태나 급박한 것을 느슨하게 함.

❸ **개항**: 항구를 개방해 외국 배의 출입을 허가하는 것

❹ **군함**: 수상에서 전투에 참여하는 배

❺ **조약**: 나라와 나라 사이의 약속

❻ **불평등**: 차별이 있어 고르지 아니함.

❼ **알선**: 남의 일이 잘되도록 주선하는 일

❽ **문호**: 외부와 교류하기 위한 통로나 수단을 비유적으로 이르는 말

65

04 강화도 조약에 대한 다음 퀴즈 내용이 맞으면 ○, 틀리면 ✕에 표시하세요.

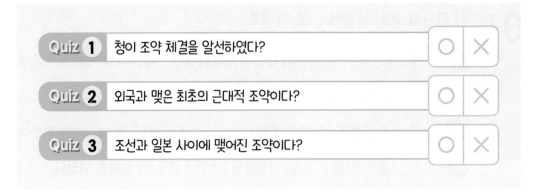

Quiz 1	청이 조약 체결을 알선하였다?	○	✕
Quiz 2	외국과 맺은 최초의 근대적 조약이다?	○	✕
Quiz 3	조선과 일본 사이에 맺어진 조약이다?	○	✕

05 가 ~ 라 문단 중 다음 글과 관련이 있는 문단을 쓰세요.

청은 일본이 세력을 확대하고 러시아가 남하하자 불안해졌다. 이에 미국을 끌어들여 두 나라를 견제하고 조선에 대한 유리한 지위를 인정받기 위해 조선 정부에 미국과의 교섭을 적극 권하였다.

06 다음은 강화도 조약의 내용이에요. 이를 해석한 내용으로 알맞지 않은 것은 무엇인가요? [✎]

제4조	조선은 부산 이외에 두 곳의 항구를 개항하고 일본인이 와서 통상하는 것을 허용한다.
제7조	일본인이 조선의 해안을 자유롭게 측량하는 것을 허가한다.
제10조	조선의 항구에서 죄를 지은 일본인은 일본 관리가 재판한다.

① 제4조 - 3개 항구를 개항하기로 하였다.

② 제7조 - 일본의 해안 측량권을 허가하였다.

③ 제10조 - 치외 법권을 인정하지 않았다.

④ 제7조, 제10조 - 일본에 유리한 내용을 담고 있다.

⑤ 제4조, 제7조, 제10조 - 조선에 불평등한 내용을 담고 있다.

어휘를 익혀요

01 다음 뜻을 나타내는 낱말을 쓰세요.

1 남의 일이 잘되도록 주선하는 일 ☐☐

2 차별이 있어 고르지 아니함. ☐☐☐

3 항구를 개방해 외국 배의 출입을 허가하는 것 ☐☐

02 다음 빈칸에 들어갈 낱말을 찾아 선으로 이으세요.

1 문호 •

2 완화 •

3 조약 •

• ㄱ 새로운 도로가 생기면 교통 혼잡이 (   ) 될 것이다.

• ㄴ (   )을/를 개방한 이후 양국 관계가 우호적으로 변화하였다.

• ㄷ 김홍집 일행은 일본과 맺은 불평등한 내용의 (   )을/를 고치기 위해 파견되었다.

03 다음 ㄱ~ㄹ을 모두 포함할 수 있는 낱말로 알맞은 것은 무엇인가요? [✎]

조선 정부는 개항한 이후 서양 국가들 가운데 최초로 ㄱ 미국과 조미 수호 통상 조약을 체결하였다. 이어 ㄴ 영국, ㄷ 독일, ㄹ 러시아 등과도 불평등 조약을 맺고 교류하였다.

① 동양   ② 열강   ③ 종속국   ④ 약소국   ⑤ 식민지

16 개화 정책의 추진과 임오군란

글을 읽으면서 중요하다고 생각하는 낱말에 색칠해 보세요.

가 조선 정부는 강화도 조약으로 개항을 한 직후 **❶**개화 정책을 펼쳤어요. 서양의 문물과 제도를 받아들이려 한 개화파를 적극 등용하고 개화 정책을 총괄하는 기구로 통리기무아문을 설치하였어요. 또한 군사력을 강화하기 위해 **❷**신식 군대인 별기군을 창설하였는데, 별기군은 신식 무기를 지급받고 일본인 **❸**교관에게 훈련을 받았답니다. 정부는 개혁에 필요한 더 많은 정보를 모으기 위해 외국에 **❹**사절단을 파견하기도 하였어요.

나 개항과 정부의 개화 정책에 반발하여 양반 유생들은 위정척사 운동을 펼쳤어요. 위정척사 운동은 성리학은 바른 것으로 보아 지키고 서양의 문물과 사상은 그릇된 것으로 보아 물리치자고 주장한 운동이에요. 위정척사 운동을 펼친 이들은 개항과 개화를 반대하는 **❺**상소를 올려 정부의 정책에 반발하였어요. 위정척사 운동은 일본의 침략에 맞선 의병 운동으로 이어졌어요.

다 정부의 개화 정책에 대한 반발은 구식 군인과 도시 하층민 사이에서도 일어났어요. 신식 군대인 별기군은 **❻**급료와 복장 등에서 구식 군인보다 훨씬 대우가 좋았어요. 당시 구식 군인들은 차별 대우를 받는 것은 물론 1년 넘게 급료도 제대로 받지 못한 상황이었어요. 그러던 중 밀린 급료로 받은 쌀에 겨와 모래가 섞여 있자, 분노한 구식 군인들이 폭동을 일으켰어요. 여기에 개항 이후 쌀값이 크게 올라 생활이 어려웠던 도시 하층민들이 합세하였어요. 이들은 정부 관리와 일본인을 죽이고 일본 공사관을 공격하였어요. 1882년에 일어난 이 반란을 임오군란이라고 해요. 임오군란을 **❼**수습하는 과정에서 흥선 대원군이 다시 권력을 장악하였고 개화 정책도 중단되었어요. 그러나 청이 군대를 보내 흥선 대원군을 청으로 데려가고 군란을 진압하였어요. 임오군란을 진압한 청은 조선에 군대를 **❽**주둔시키면서 조선의 정치에 깊이 간섭하였어요.

중심 낱말 찾기

01 각 문단의 중심 낱말을 찾아 쓰세요.

가 문단: 조선 정부의 ⬚⬚ 정책 추진

나 문단: 양반 유생들의 ⬚⬚⬚⬚ 운동

다 문단: ⬚⬚⬚ 의 발발과 진압

내용 이해

02 조선 정부가 개항 직후 추진한 개화 정책에 대해 바르게 말한 어린이는 누구인지 쓰세요.

리안	위정척사파를 적극 등용하였어.
설이	개화 정책을 총괄하는 기구로 비변사를 설치하였어.
찬희	개혁에 필요한 정보를 모으기 위해 외국에 사절단을 보냈어.

내용 이해

03 별기군에 대한 설명으로 알맞지 <u>않은</u> 것은 무엇인가요? [✎]

① 임오군란을 일으켰다.

② 신식 무기를 지급받았다.

③ 일본인 교관에게 훈련을 받았다.

④ 조선 정부가 개화 정책을 펼치며 창설하였다.

⑤ 급료, 복장 등에서 구식 군인보다 대우가 좋았다.

---

❶ **개화**: 새로운 문화와 제도를 받아들이는 것

❷ **신식**: 새로운 방식이나 형식

❸ **교관**: 군사 교육 및 훈련을 맡아보는 장교

❹ **사절단**: 나라를 대표하여 일정한 임무를 띠고 외국에 파견되는 사람들의 무리

❺ **상소**: 임금에게 글을 올리던 일. 또는 그 글

❻ **급료**: 일에 대한 대가로 지급하는 돈

❼ **수습**: 어수선한 사태를 거두어 바로잡음.

❽ **주둔**: 군대가 임무 수행을 위하여 일정한 곳에 얼마 동안 머무르는 일

04 다음 ㄱ, ㄴ에 들어갈 말을 이 글에서 찾아 쓰세요.

위정척사 운동은 (ㄱ   )은/는 바른 것으로 보아 지키고 서양의 문물과 사상은 그릇된 것으로 보아 물리치고자 한 운동으로 이후 (ㄴ   ) 운동으로 이어졌다.

✏️ ㄱ: ㄴ:

05 임오군란에 도시 하층민들이 합세한 이유를 이 글에서 찾아 쓰세요.

✏️ _____

_____

06 임오군란의 과정에서 있었던 일을 순서에 맞게 번호를 쓰세요.

흥선 대원군이 군란 수습 과정에서 권력을 다시 장악하였다.

구식 군인과 도시 하층민들이 정부 관리와 일본인을 죽였다.

청이 조선에 군대를 주둔시키고 조선의 정치에 간섭하였다.

구식 군인들이 겨와 모래가 섞인 쌀을 급료로 주자 폭동을 일으켰다.

07 (가), (나)의 주장은 개화파와 위정척사파 중 어느 쪽에 속하는지 구분하여 쓰세요.

(가) 널리 서양 각국과 친하게 지내며, 안으로 정치를 개혁하여 어리석은 백성을 문명의 도로 교육해야 합니다.
(나) 일본과 서양은 모두 한통속으로, 일본은 조약을 체결하는 형태로 우리나라를 침략하려는 것입니다. 한번 강화를 맺으면 일본의 침탈을 막기 힘들 것입니다.

• 개화파: ✏️ _____

• 위정척사파: ✏️ _____

어휘를 익혀요

01 다음 낱말의 뜻을 찾아 선으로 이으세요.

1 개화 •

2 수습 •

3 사절단 •

• ㄱ 어수선한 사태를 거두어 바로잡음.

• ㄴ 새로운 문화와 제도를 받아들이는 것

• ㄷ 나라를 대표하여 일정한 임무를 띠고 외국에 파견되는 사람들의 무리

02 다음 문장의 빈칸에 들어갈 낱말을 보기 에서 찾아 쓰세요.

> 보기
>
> 급료   상소   주둔

1 임금은 (   )을/를 올렸던 신하들을 모두 옥에 가두었다.

2 미국과 소련이 북위 38도선을 경계로 남북에 각각 군대를 (   )시켰다.

3 새 직장으로 옮기면서 이전 직장에서 받던 것보다 (   )을/를 많이 받게 되었다.

03 다음 글에서 밑줄 친 낱말과 뜻이 반대되는 낱말은 무엇인가요?   [   ]

> 군인들은 훈련 전 몸에 딱 맞는 <u>신식</u> 군복을 차례로 지급받았다. 군복을 차려입고 열을 맞추어 훈련장에 도착한 군인들은 단검이 꽂힌 <u>신식</u> 총으로 군사 훈련을 실시하였다.

① 구식   ② 근래   ③ 신형   ④ 최신   ⑤ 첨단

17 갑신정변

글을 읽으면서 중요하다고 생각하는 낱말에 색칠해 보세요.

가 조선의 개항 이후 개화를 주장한 사람들은 개화의 방법을 두고 크게 두 입장으로 나뉘었어요. 김홍집, 김윤식 등 [1]온건 개화파는 청과의 관계를 이어 가면서 조선의 법과 제도를 바탕으로 서양의 기술을 받아들일 것을 주장하였어요. 반면 김옥균, 박영효 등 [2]급진 개화파는 서양의 기술, 사상, 제도까지 받아들여 적극적으로 개혁해야 한다고 생각하였지요. 이들은 청과의 관계를 끊어 조선의 개화를 방해하는 청의 간섭을 물리쳐야 한다고 주장하였어요.

나 김옥균 등 급진 개화파는 새로운 조선을 만들고자 하였어요. 이들은 일본에 도움을 요청하였고 조선에서 영향력을 확대하려 한 일본은 군사적인 [3]지원을 해 주겠다고 약속하였어요. 1884년 김옥균, 박영효, 서광범 등 급진 개화파는 근대적 우편 업무를 담당하는 우정총국을 세운 것을 축하하는 행사를 틈타 갑신정변을 일으켰어요. 이들은 정부의 주요 인물을 제거하고 새 정부를 조직한 뒤 개혁안을 발표하였어요. 개혁안은 청에 대한 사대를 그만둘 것, [4]문벌을 없애고 능력에 따라 관리를 뽑을 것, 조세 제도를 고칠 것 등을 주요 내용으로 하였어요. 급진 개화파가 정권을 잡자 청군이 무력으로 [5]개입하였고 일본은 군사적 지원 약속을 어기고 [6]철수하였어요. 이로 인해 갑신정변은 3일 만에 실패로 끝이 났어요.

다 일본은 정변 과정에서 일본 공사관이 불에 탄 것을 빌미로 조선으로부터 [7]배상금을 얻어냈어요. 또한 청과 조약을 맺어 청일 양국이 이후 조선에 군대를 보낼 때 상대국에게 미리 알리기로 약속하였어요.

라 갑신정변은 일본의 힘에 의지하였고 준비가 부족한 상태에서 개혁을 시도하여 백성의 지지를 얻지 못하였어요. 하지만 갑신정변은 근대 국가를 만들려는 개혁 운동으로, 당시 제시된 개혁안을 보면 조선 사회를 크게 변화시키기 위한 내용이 담겨 있다는 점에서 의의를 지녀요.

중심 낱말 찾기

01 다음 ㄱ, ㄴ에 들어갈 낱말을 이 글에서 찾아 쓰세요.

> 1884년 김옥균을 비롯한 급진 개화파는 (ㄱ   )을/를 세운 것을 축하하는 행사를 틈타 정부의 주요 인물을 제거하고 새 정부를 구성하는 정변을 일으켰다. 이를 (ㄴ   )(이)라고 한다.

✏️ ㄱ: ㄴ:

내용 이해

02 다음은 개화파에 대해 정리한 것이에요. ㄱ, ㄴ에 들어갈 말을 이 글에서 찾아 쓰세요.

구분	(ㄱ)	(ㄴ)
중심인물	김홍집, 김윤식 등	김옥균, 박영효 등
개화 방법	조선의 법과 제도를 바탕으로 서양의 기술을 받아들일 것	서양의 기술, 사상, 제도까지 받아들여 적극적으로 개혁할 것

✏️ ㄱ: ㄴ:

내용 이해

03 다음 내용이 맞으면 ○, 틀리면 ✕에 표시하세요.

❶ 김홍집, 김윤식 등은 갑신정변을 주도하였다. [○ / ✕]

❷ 급진 개화파는 청과의 관계를 끊을 것을 주장하였다. [○ / ✕]

❸ 일본은 갑신정변이 일어나기 전 급진 개화파에게 군사적인 지원을 해 주겠다고 약속하였다. [○ / ✕]

❶ **온건**: 생각이나 행동 따위가 사리에 맞고 건실함.
❷ **급진**: 목적이나 이상 따위를 급히 실현하고자 함.
❸ **지원**: 지지하여 도움.
❹ **문벌**: 대대로 내려오는 그 집안의 사회적 신분이나 지위
❺ **개입**: 자신과 직접적인 관계가 없는 일에 끼어듦.
❻ **철수**: 진출하였던 곳에서 시설이나 장비 따위를 거두어 가지고 물러남.
❼ **배상금**: 남에게 입힌 손해에 대해 물어 주는 돈

04 갑신정변 당시 발표된 개혁안의 내용으로 알맞은 것에 ○표 하세요.

문벌을 없앨 것 ☐	조세 제도를 고칠 것 ☐

일본의 치외 법권 규정 ☐

일본에 배상금을 지불할 것 ☐	청에 대한 사대를 그만둘 것 ☐

05 갑신정변의 결과로 알맞은 것은 무엇인가요? [✎   ]

① 흥선 대원군이 청에 끌려갔다.

② 청이 조선에 군대를 주둔시켰다.

③ 영국의 조선에 대한 내정 간섭이 심해졌다.

④ 조선을 둘러싸고 러시아와 일본이 전쟁을 벌였다.

⑤ 청과 일본이 이후 조선에 군대를 보낼 때 상대국에게 미리 알리기로 하였다.

06 급진 개화파가 다음과 같은 주장에 대해 보일 수 있는 반응으로 알맞은 것은 무엇인가요? [✎   ]

> 조선의 법과 제도를 바탕으로 차근차근 개화를 해야 합니다.

① 맞습니다. 정변을 일으켜 개화해야 합니다.

② 맞습니다. 청과의 관계를 이어 가면서 서양의 기술만 받아들여야 합니다.

③ 아닙니다. 외국과의 통상을 전면 금지해야 합니다.

④ 아닙니다. 인재를 고루 뽑아서 탕평책을 실시해야 합니다.

⑤ 아닙니다. 서양의 기술, 사상, 제도를 받아들여 나라 전체를 개혁해야 합니다.

어휘를 익혀요

01 다음 뜻을 나타내는 낱말을 쓰세요.

① 자신과 직접적인 관계가 없는 일에 끼어듦. ☐☐

② 대대로 내려오는 그 집안의 사회적 신분이나 지위 ☐☐

③ 진출하였던 곳에서 시설이나 장비 따위를 거두어 가지고 물러남. ☐☐

02 다음 빈칸에 들어갈 낱말을 오른쪽 상자에서 찾아 쓰세요.

① 고려에서는 불교가 국가의 ☐☐☆을 받으며 발전하였다. ☆지지하여 도움.

② 정부는 피해를 입은 사람들에게 ☐☐☐☆을 지불하였다. ☆남에게 입힌 손해에 대해 물어 주는 돈

③ 일본은 조선군의 공격을 ☐☐☆로 조선에 개항을 요구하였다. ☆재앙이나 탈 따위가 생기는 원인

지	리	적	보
원	조	대	배
적	신	감	상
외	가	방	금
선	구	빌	미

03 다음 중 두 낱말의 관계가 ㄱ, ㄴ의 관계와 같은 것은 무엇인가요? [ ]

> 이번 선거에 출마한 이 후보자는 ㉠온건 세력을 대표하는 인물로, 안정적인 정책들을 공약으로 내세웠다. 그에 반해 상대 당의 김 후보자는 ㉡급진 세력을 대표하는 인물로, 개혁적인 정책들을 주장하였다.

① 과일 – 수박 ② 대립 – 반대 ③ 약화 – 강화

④ 연회 – 잔치 ⑤ 운동화 – 구두

18 동학 농민 운동

글을 읽으면서 중요하다고 생각하는 낱말에 색칠해 보세요.

가 조선 후기에 최제우가 사람은 모두 평등하며 새로운 세상이 열릴 것이라고 주장한 ❶동학이라는 종교를 창시하였어요. 당시 백성은 무거운 세금과 관리의 수탈에 시달렸고 외국 상인들의 경제 ❷침탈이 더해지면서 생활이 매우 어려웠어요. 이러한 상황에서 평등사상과 외세 ❸배척을 내세우는 동학이 농민들 사이에 널리 퍼졌어요.

나 전라도 고부에서는 ❹군수의 횡포가 심하자 이에 맞서 동학 지도자 전봉준을 중심으로 농민들이 봉기하였어요. 봉기 수습 과정에서 정부가 오히려 농민들을 탄압하자 농민들은 다시 봉기하였고 이는 대규모 농민 운동으로 발전하였어요(동학 농민 운동, 1894년). 농민군은 전라도 일대로 세력을 넓혀 황토현과 황룡촌 등에서 관군을 물리치고 전주성을 점령하였어요. 진압에 어려움을 겪은 조선 정부는 청에 도움을 청하였어요. 이에 청이 조선에 군대를 보내자 일본도 군대를 보냈어요. 외국 군대의 개입을 막기 위해 농민군은 조선 정부와 ㉠ 전주 ❺화약을 체결하여 개혁안을 약속받고 스스로 흩어졌어요. 이후 농민군은 전라도 각지에 집강소라는 농민 자치 조직을 설치하고 개혁안을 실천해 나갔답니다.

다 일본군과 청군이 조선에 들어오자 정부는 군대의 철수를 요청하였어요. 그러나 일본은 경복궁을 점령하고 청일 전쟁을 일으켰어요. 전쟁에서 ❻승기를 잡은 일본이 조선의 정치에 심하게 간섭하자 동학 농민군은 일본을 물리치기 위해 다시 일어났어요. 그러나 농민군은 기관총으로 무장한 일본군과 관군의 상대가 되지 않았고 공주 우금치에서 벌어진 전투에서 크게 패하였어요. 농민군은 후퇴를 거듭하였고 전봉준을 비롯한 지도자가 체포되면서 동학 농민 운동은 끝이 났어요.

라 동학 농민 운동은 ❼탐관오리를 처벌하고, 조세 제도를 고칠 것을 주장하는 등 양반 중심의 신분 질서를 개혁하려 하였어요. 또한 외세의 침략을 물리쳐 나라를 지키고자 한 민족 운동이었답니다.

정답 113쪽

중심 낱말 찾기
01 다음 빈칸에 공통으로 들어갈 낱말을 이 글에서 찾아 쓰세요.

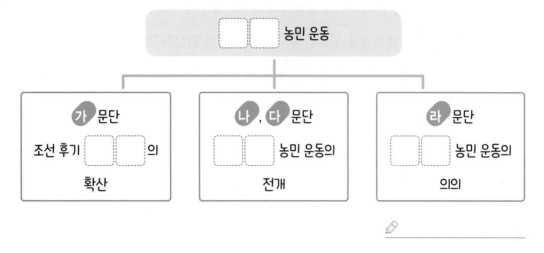

내용 이해
02 동학에 대한 설명으로 알맞지 <u>않은</u> 것은 무엇인가요? [✎]

① 최제우가 창시하였다.

② 조선 후기에 등장하였다.

③ 천주교를 이르는 말이다.

④ 사람이 모두 평등하다고 보았다.

⑤ 새로운 세상이 열릴 것이라고 주장하였다.

내용 이해
03 동학 농민군이 ㉠과 같이 행동한 까닭을 바르게 말한 어린이는 누구인지 쓰세요

민희	일본이 청일 전쟁을 일으켰어.
준우	전봉준을 비롯한 지도자가 체포되었어.
찬석	청군과 일본군의 개입을 막고자 하였어.

❶ **동학**: 최제우가 천주교(서학)에 맞서 만든 종교

❷ **침탈**: 침범하여 빼앗음.

❸ **배척**: 따돌리거나 거부하여 밀어 내침.

❹ **군수**: 군의 행정을 맡아보는 으뜸 직위에 있는 사람

❺ **화약**: 화목하게 지내자는 약속

❻ **승기**: 이길 수 있는 기회

❼ **탐관오리**: 백성의 재물을 탐내어 빼앗는, 행실이 깨끗하지 못한 관리

04 다음 내용이 맞으면 ○, 틀리면 ✕에 표시하세요.

❶ 집강소는 동학 농민군이 설치한 농민 자치 조직이다. [○ / ✕]

❷ 동학 농민군은 황토현과 황룡촌에서 관군에게 패배하였다. [○ / ✕]

❸ 일본이 청일 전쟁을 일으킨 후 조선의 정치에 간섭하자 동학 농민군이 일본을 물리치고 자 다시 봉기하였다. [○ / ✕]

05 동학 농민 운동 과정에서 있었던 일을 순서에 맞게 번호를 쓰세요.

농민군이 정부와 전주 화약을 맺고 개혁안을 약속받았다.

일본군이 경복궁을 점령하자 농민군이 다시 봉기하였다.

전라도 고부에서 전봉준을 중심으로 농민들이 봉기하였다.

농민군이 우금치 전투에서 일본군과 관군에게 패배하였다.

06 다음은 전봉준이 재판관과 나눈 대화예요. 이를 토대로 동학 농민 운동의 성격에 대해 바르게 설명한 것은 무엇인가요? [✎   ]

- 재판관: 고부에서 봉기를 일으킨 이유는 무엇인가?
- 전봉준: 당시 고부의 지방관이 강제로 걷은 세금이 매우 많았기 때문이오.
- 재판관: 다시 봉기를 일으킨 이유는 무엇인가?
- 전봉준: 일본군이 우리 궁궐에 쳐들어와 임금을 놀라게 하였기 때문이오.

① 개화파가 근대 국가를 건설하기 위해 일으킨 운동이다.

② 성리학을 지키고 서양의 사상을 물리치려 한 운동이다.

③ 청의 간섭이 심해지자 이에 반발하여 일어난 운동이다.

④ 외국과 맺은 불평등한 조약을 고치기 위해 일어난 운동이다.

⑤ 양반 중심의 신분 질서를 개혁하고 외세를 물리치려 한 운동이다.

어휘를 익혀요

01 다음 뜻을 나타내는 낱말에 ○표 하세요.

1 이길 수 있는 기회 [승기 / 패기]

2 따돌리거나 거부하여 밀어 내침. [배척 / 환대]

3 최제우가 천주교에 맞서 만든 종교 [동학 / 서학]

02 다음 빈칸에 들어갈 낱말을 찾아 선으로 이으세요.

1 군수 •

2 침범 •

3 탐관오리 •

• ㄱ 고을 (   )이/가 행사에 참석하였다.

• ㄴ 암행어사가 (   )의 죄목을 조사하여 처벌하였다.

• ㄷ 차가 보행자 도로를 (   )하면서 교통 사고가 났다.

03 다음 글의 밑줄 친 '화약'과 같은 뜻으로 사용된 문장은 무엇인가요? [   ]

> 두 나라의 <u>화약</u>으로 평화적인 분위기가 형성되었다.

① <u>화약</u>이 터지면서 연기가 많이 났다.

② 세종 때 <u>화약</u> 무기를 개발하여 국방력을 키웠다.

③ 발명반 아이들이 <u>화약</u> 로켓을 제작하여 발사하였다.

④ 양국 대표들이 <u>화약</u>을 맺기 전 조항들을 확인하였다.

⑤ 조총은 노끈에 불을 붙여서 <u>화약</u>을 터뜨려 쏘는 총이다.

19 갑오개혁

글을 읽으면서 중요하다고 생각하는 낱말에 색칠해 보세요.

가 동학 농민 운동이 일어나고 있던 시기에 일본은 청군을 뒤따라 조선에 군대를 보냈어요. 조선 정부는 일본에 군대를 물러나게 할 것을 요구하는 한편, 교정청을 설치하여 자주적인 개혁을 추진하려 하였어요. 그러나 일본은 경복궁을 점령하고 흥선 대원군을 앞세워 김홍집을 중심으로 새로운 정부를 구성하고 개혁을 실시하도록 하였어요.

나 1894년 새 정부는 군국기무처를 ❶신설하여 근대적 개혁을 추진하였는데 이를 갑오개혁이라고 해요. 제1차 개혁에서는 정치 분야에서 왕실 사무와 ❷국정 사무를 분리하였어요. 또한 양반 위주로 인재를 선발하는 과거제를 폐지하고 실제 업무 능력이 뛰어난 인재를 뽑고자 하였어요. 경제 분야에서는 ❸재정을 담당하는 관청을 하나로 통일하였고, 물건으로 내던 조세를 화폐로 내도록 하였어요. 은을 중심으로 하는 화폐 제도를 채택하고, ❹도량형도 통일하였어요. 사회 분야에서는 신분 차별을 없애고 노비 제도를 폐지하였어요. 또한 어린 나이에 결혼하는 조혼을 금지하고, 과부의 ❺재가를 허용하였으며, 가혹한 형벌을 금지하기도 하였답니다.

다 일본은 청일 전쟁에서의 승리가 확실시되자 군국기무처를 없애고 일본에 ❻망명 중이던 박영효를 조선에 돌아오게 하여 제2차 개혁을 추진하였어요. 이때 고종은 홍범 14조를 반포하여 개혁의 기본 방향을 밝혔어요. 이에 따라 지방 행정 구역이 새롭게 바뀌게 되었고 지방 재판소, 한성 재판소 등이 세워지면서 ❼사법권이 독립하게 되었어요.

라 갑오개혁은 일본의 간섭 속에서 개혁이 이루어졌기 때문에 군사 제도의 개혁에는 소홀하였고 농민이 요구한 토지 제도의 개혁은 이루어지지 않았다는 한계를 지녀요. 그러나 갑신정변과 동학 농민 운동에서 요구한 내용이 일부 반영되었고 근대적인 제도를 수용하여 근대 국가로 나아가려 하였다는 점에서 의의를 지녀요.

중심 낱말 찾기

01 각 문단의 중심 낱말을 찾아 쓰세요.

가 문단: ▢▢▢▢ 의 배경

나 문단: ▢▢▢▢▢ 에서 실시한 제1차 개혁

다 문단: ▢▢ 의 홍범 14조 반포

라 문단: ▢▢▢▢ 의 한계와 의의

내용 이해

02 제1차 개혁 때 실시한 개혁 내용에 ◯표 하세요.

▢ 조혼 금지　　▢ 과거제 폐지　　▢ 도량형 통일

▢ 사법권 독립　　▢ 집강소 설치　　▢ 과부의 재가 허용

내용 이해

03 갑오개혁에 대한 설명으로 알맞은 것은 무엇인가요?　　[✎ 　　]

① 별기군을 창설하였다.

② 신분 제도를 폐지하였다.

③ 청의 개입으로 3일 만에 실패로 끝났다.

④ 일본의 간섭 없이 자주적으로 이루어졌다.

⑤ 통리기무아문을 설치하여 개혁을 추진하였다.

---

❶ 신설: 새로 설치하거나 설비함.

❷ 국정: 나라의 정치

❸ 재정: 국가 등이 정치적 활동이나 공공 정책을 시행하기 위하여 쓸 돈을 만들어 관리하고 이용하는 경제 활동

❹ 도량형: 길이, 부피, 무게 따위의 단위를 재는 법

❺ 재가: 결혼하였던 여자가 남편이 죽거나 남편과 이혼하면서 다른 남자와 결혼함.

❻ 망명: 자기 나라에서 박해를 받을 위험이 있는 사람이 이를 피하기 위하여 외국으로 몸을 옮김.

❼ 사법권: 재판권을 행하는 국가 통치권의 한 권능

04 다음 ㄱ, ㄴ에 들어갈 내용을 이 글에서 찾아 쓰세요.

> 제1차 갑오개혁 때는 (ㄱ   )을/를 중심으로 개혁을 추진하였다. 그러나 일본이 청일 전쟁에서 승기를 잡자 (ㄱ   )을/를 없애고 박영효를 중심으로 정부를 구성해 제2차 개혁을 추진하였다. 이때 고종은 개혁의 기본 방향을 밝힌 (ㄴ   )을/를 반포하여 개혁의 주요 내용을 알렸다.

✐ ㄱ: ㄴ:

05 다음 보기에서 갑오개혁의 의의와 한계를 골라 기호를 쓰세요.

> **보기**
> ㉠ 군사 제도의 개혁에 소홀하였다.
> ㉡ 농민이 요구한 토지 제도의 개혁이 이루어지지 않았다.
> ㉢ 갑신정변과 동학 농민 운동의 요구가 일부 반영되었다.
> ㉣ 근대적인 제도를 수용하여 근대 국가로 나아가려 하였다.

• 의의: ✐

• 한계: ✐

06 갑오개혁이 추진된 직후 조선 사회에서 볼 수 있었던 모습으로 알맞지 <u>않은</u> 것은 무엇인가요?   [✐   ]

① 나라에 세금을 내기 위해 화폐를 세는 농부

② 조혼이 법으로 금지되었음을 알리는 지방 관리

③ 과거에 급제를 하기 위해서 경전을 공부하는 양반

④ 지방에 새롭게 설립된 재판부에서 재판을 받는 상인

⑤ 남편이 죽은 뒤 오랫동안 혼자 살다가 다시 시집을 가는 과부

어휘를 익혀요

01 다음 낱말의 뜻을 찾아 선으로 이으세요.

1 국정 •

2 재가 •

3 사법권 •

• ㄱ 나라의 정치

• ㄴ 재판권을 행하는 국가 통치권의 한 권능

• ㄷ 결혼하였던 여자가 남편이 죽거나 남편과 이혼하면서 다른 남자와 결혼함.

02 다음 밑줄 친 낱말의 뜻을 보기 에서 찾아 기호를 쓰세요.

> **보기**
> ㄱ 새로 설치하거나 설비함.
> ㄴ 길이, 부피, 무게 따위의 단위를 재는 법
> ㄷ 국가 등이 정치적 활동이나 공공 성책을 시행하기 위하여 쓸 돈을 만들어 관리하고 이용하는 경제 활동

1 최근 게임학과를 신설하는 대학이 점차 늘어나고 있다. (   )

2 국가마다 다른 도량형을 통일하자는 운동이 벌어지고 있다. (   )

3 경제 상황이 악화되면 정부의 재정 수입도 나빠질 수밖에 없다. (   )

03 다음 글에서 밑줄 친 내용과 바꾸어 쓸 수 있는 낱말은 무엇인가요? [   ]

> 본래 우리 가문은 상당히 명망 있는 가문으로 수많은 종을 부리며 남부럽지 않게 살고 있었다. 그러나 아버지가 반일 인사로 주목받으면서 집안에 순사가 들이닥쳤고 결국 가족들 모두 외국으로 도피하게 되었다.

① 귀국   ② 귀향   ③ 망명   ④ 망상   ⑤ 탈옥

을미사변과 을미개혁

글을 읽으면서 중요하다고 생각하는 낱말에 색칠해 보세요.

가 청일 전쟁에서 승리한 ^①일제는 청으로부터 랴오둥반도를 넘겨받았어요. 이는 남하 정책을 추진하던 러시아의 심기를 건드리는 것이었어요. 러시아는 프랑스, 독일과 함께 일본에 압력을 가하여 랴오둥반도를 다시 청에 돌려주게 하였어요. 삼국이 일본에 영향력을 행사한 이 사건을 삼국 간섭이라고 불러요.

나 러시아가 주도한 삼국 간섭으로 일본의 국제적인 영향력이 약화되자 고종과 명성 황후는 러시아 세력을 끌어들여 일본의 간섭을 막으려고 하였어요. 이러한 움직임에 당황한 일본은 경복궁에 일본군 수비대와 일본인 ^②자객 등을 침입시켰어요. 이들은 명성 황후를 ^③시해하고 시신을 불태웠어요. 1895년에 일어난 이 사건을 을미사변이라고 해요. 을미사변으로 조선에서는 일제에 대한 ^④반감이 더욱 커지게 되었답니다.

다 을미사변 이후 친일 관리들을 중심으로 새 정부가 구성되어 개혁을 추진하였어요(을미개혁, 1895년). 새 정부는 ^⑤태양력 사용을 추진하였고, 천연두를 예방하기 위한 종두법을 실시하였어요. 또한 갑신정변 때 중단되었던 우편 사무도 다시 시작하였어요. 성인 남자의 ^⑥상투를 자르고 짧은 머리를 하도록 한 단발령을 내리기도 하였어요. 단발령에 대해 양반 유생과 농민들은 부모에게 물려받은 신체를 함부로 ^⑦훼손해서는 안 된다며 거세게 저항하였고 의병을 일으키기도 하였어요.

라 한편, 을미사변이 일어난 후 고종은 왕궁에 갇혀 생활하였어요. 일본의 간섭이 갈수록 커지자 ^⑧신변의 위협을 느낀 고종은 왕궁을 벗어나고자 하였어요. 고종은 의병이 일어나면서 일본군의 감시가 약해진 틈을 타 1896년 러시아 공사관으로 몸을 피하였는데 이를 아관 파천이라고 해요. 이후 조선에서는 러시아의 영향력이 커지게 되었고 러시아를 비롯한 외국 세력의 간섭도 심해졌어요. 아관 파천이 일어나면서 을미개혁도 중단되었답니다.

정답 115쪽

중심 낱말 찾기

01 각 문단의 중심 낱말에 ◯표 하세요.

가 문단: 러시아, 프랑스, 독일의 압력으로 일본이 랴오둥반도를 청에 돌려준 [병인양요 /
삼국 간섭]이/가 일어났다.

나 문단: 일본이 명성 황후를 시해하는 [을미사변 / 신미양요]을/를 일으켰다.

다 문단: [갑신정변 / 을미개혁] 때 단발령을 내렸다.

라 문단: 고종이 러시아 공사관으로 몸을 피한 [임오군란 / 아관 파천]이 일어났다.

내용 이해

02 다음 빈칸에 공통으로 들어갈 인물은 누구인지 쓰세요.

고종과 (   )이/가 러시아의 힘을 빌려 일본의 간섭을 막으려는 외교적 움직
임을 보이자 일본은 (   )을/를 시해하는 을미사변을 일으켰다.

✎ _____

내용 이해

03 다음 퀴즈 내용이 맞으면 ◯, 틀리면 ✕에 표시하세요.

Quiz 1 명성 황후는 경복궁에서 시해당하였다?   ◯ ✕

Quiz 2 양반 유생들은 단발령에 반발하였다?   ◯ ✕

Quiz 3 삼국 간섭으로 러시아의 영향력이 약해졌다?   ◯ ✕

---

❶ **일제**: '일본 제국주의'를 줄인 말로, 자기 나라의 이익을
위해 주변 나라를 침략한 일본을 일컫는 말

❷ **자객**: 사람을 몰래 죽이는 일을 전문으로 하는 사람

❸ **시해**: 부모나 임금 등 윗사람을 죽이는 것

❹ **반감**: 반대하거나 반항하는 감정

❺ **태양력**: 지구가 태양 주위를 한 바퀴 도는 데 걸리는 기간
을 1년으로 정한 역법

❻ **상투**: 머리털을 끌어 올려 정수리 위에 감아 맨 것

❼ **훼손**: 헐거나 깨뜨려 못 쓰게 만듦.

❽ **신변**: 몸과 몸의 주위

04 을미개혁 때 추진된 개혁으로 알맞지 <u>않은</u> 것은 무엇인가요? [✎   ]

① 단발령 실시 ② 종두법 실시

③ 집강소 설치 ④ 태양력 사용

⑤ 우편 사무 실시

05 다음 밑줄 친 '이 나라'는 어디인지 쓰세요.

> • <u>이 나라</u>는 프랑스, 독일과 함께 삼국 간섭을 주도하였다.
> • 을미사변으로 신변의 위협을 느낀 고종이 <u>이 나라</u>의 공사관으로 피하였다.

✎ _____

06 다음 사건이 일어난 순서에 맞게 번호를 쓰세요.

삼국 간섭으로 일본이 랴오둥반도를 청에 돌려주게 되었다.

일본군 수비대와 일본인 자객이 명성 황후를 시해하였다.

고종이 일본의 감시를 피해 러시아 공사관으로 몸을 피하였다.

새 정부가 태양력 사용을 추진하고 종두법을 실시하였다.

07 단발령에 대한 당시 사람들의 반응을 바르게 추론한 어린이는 누군인지 쓰세요.

> 도연   양반 유생들은 상투를 자르는 것에 적극 찬성하였어.
>
> 수진   을미개혁을 추진하였던 관리들은 머리카락을 짧게 하는 것에 반대하였어.
>
> 진석   머리카락을 부모에게 물려받은 것이라 보았기 때문에 이를 훼손하는 것에 반발해 의병이 일어나기도 하였어.

✎ _____

어휘를 익혀요

01 다음 뜻을 나타내는 낱말을 쓰세요.

① 부모나 임금 등 윗사람을 죽이는 것 ☐☐

② 지구가 태양 주위를 한 바퀴 도는 데 걸리는 기간을 1년으로 정한 역법 ☐☐☐

③ '일본 제국주의'를 줄인 말로, 자기 나라의 이익을 위해 주변 나라를 침략한 일본을 일컫는 말 ☐☐

02 다음 낱말의 뜻과 그 낱말이 들어갈 문장을 찾아 선으로 이으세요.

① 몸과 몸의 주위 •

② 반대하거나 반항하는 감정 •

③ 사람을 몰래 죽이는 일을 전문으로 하는 사람 •

• ㄱ 반감 •

• ㄴ 자객 •

• ㄷ 신변 •

• ⓐ 증인이 (　　　) 보호를 요청하였다.

• ⓑ (　　　)이 임금을 시해하려 하였다.

• ⓒ 그의 강한 성격이 사람들의 (　　　)을 샀다.

03 다음 대화의 빈칸에 공통으로 들어갈 낱말로 알맞은 것은 무엇인가요? [✎　　　]

지희야, 혹시 예전에 숭례문이 방화로 불에 타면서 (　　　) 되었던 것 알아?

아빠가 말씀해 주셨어. 소중한 문화재가 (　　　)되지 않도록 잘 보호하는 것도 중요한 일 같아.

① 간수　　　② 보장　　　③ 비방　　　④ 훼방　　　⑤ 훼손

01 ㉠에 들어갈 사건으로 알맞은 것은 무엇인가요? [✎   ]

> 요동 정벌에 반대하였지만 출정한 이성계가 압록강 부근에서 군대를 돌려 개경으로 돌아와 권력을 잡은 사건을 (㉠   )(이)라고 한다.

① 임오군란　　② 병자호란
③ 무신 정변　　④ 위화도 회군

02 다음 보기에서 조선 태종의 정책을 모두 골라 기호를 쓰세요.

> **보기**
> ㉠ 사병을 폐지하였다.
> ㉡ 집현전을 설치하였다.
> ㉢ 호패법을 실시하였다.
> ㉣ 『경국대전』을 완성하였다.

✎ _____

03 다음 내용 중 알맞지 <u>않은</u> 것은 무엇인가요? [✎   ]

> 오늘 나는 세종대왕 위인전을 읽었어. 책을 읽으면서 여러 사실을 알게 되었어. 세종 대에는 ① 물시계인 자격루가 발명되었고, ② 해시계인 앙부일구도 만들어졌어. 세종은 무기 개발에도 힘써 ③ 이 시기 신기전, 화차가 개발되었어. 농업을 중시한 세종은 ④ 『용비어천가』를 편찬하여 우리 농사법을 정리하기도 하였지. 무엇보다 ⑤ 백성이 글을 쉽게 익힐 수 있게 훈민정음을 창제한 것은 세종의 큰 업적이라 할 수 있어.

04 조선 전기의 예술에 대한 설명으로 알맞지 <u>않은</u> 것은 무엇인가요? [✎   ]

① 풍속화가인 김홍도가 활약하였다.
② 성종 때 『악학궤범』이 편찬되었다.
③ 백자가 양반들의 큰 사랑을 받았다.
④ 안견이 「몽유도원도」라는 그림을 그렸다.
⑤ 최초의 한문 소설인 『금오신화』가 편찬되었다.

05 다음에서 설명하는 조선 시대의 신분을 쓰세요.

> 관청에서 일하거나 전문적인 일을 하였다. 환자를 치료하는 의관, 그림을 그리는 화원, 통역을 담당하는 역관 등이 속하였다.

✎ _____

06 다음 보기는 임진왜란의 과정에서 있었던 일들이에요. 이를 일어난 순서대로 기호를 쓰세요.

> **보기**
> ㉠ 선조가 의주로 피란하였다.
> ㉡ 일본군이 부산진과 동래성을 점령하였다.
> ㉢ 조선 수군이 옥포에서 일본군을 물리쳤다.
> ㉣ 조선과 명의 연합군이 평양성에서 일본군에 승리하였다.

✎ ___ ▶ ___ ▶ ___ ▶ ___

07 다음 밑줄 친 '이곳'으로 알맞은 것은 무엇인가요? [✎   ]

> 이곳은 병자호란 당시 인조와 신하들이 피신한 곳이다. 청군이 이곳을 포위하자 인조는 결국 항복하고 청과 군신 관계를 맺었다.

① 강화도　　② 경복궁
③ 남한산성　　④ 수원 화성

08 사림에 대해 <u>잘못</u> 말한 어린이는 누구인가요?
[✎   ]

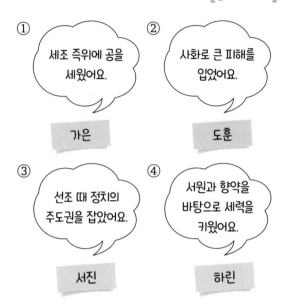

① 세조 즉위에 공을 세웠어요.
가은

② 사화로 큰 피해를 입었어요.
도훈

③ 선조 때 정치의 주도권을 잡았어요.
서진

④ 서원과 향약을 바탕으로 세력을 키웠어요.
하린

09 다음 업적을 남긴 왕은 누구인가요?
[✎   ]

- 규장각을 설치하였다.
- 수원에 화성을 건설하였다.
- 상인들의 자유로운 상업 활동을 보장하였다.

① 영조　　　　② 정조
③ 철종　　　　④ 광해군

10 다음은 실학에 대해 정리한 내용이에요. ㄱ, ㄴ에 들어갈 내용을 쓰세요.

개혁론	특징
(ㄱ) 중심 개혁론	유형원, 이익, 정약용 등이 토지 제도를 바꿀 것을 주장함.
(ㄴ) 중심 개혁론	홍대용, 박지원, 박제가 등이 청의 문물을 받아들일 것을 주장함.

✎ ㄱ:　　　　　ㄴ:

11 조선 후기의 서민 문화 발달에 대한 설명으로 알맞지 <u>않은</u> 것은 무엇인가요? [✎   ]

① 풍속화가 유행하였다.
② 한글 소설이 유행하였다.
③ 분청사기가 많이 제작되었다.
④ 장시에서 탈놀이가 많이 공연되었다.
⑤ 책을 읽어 주는 전기수가 등장하였다.

12 다음 대화의 밑줄 친 '이 봉기'에 해당하는 것은 무엇인가요? [✎   ]

이 봉기는 1811년 평안도 가산 지역에서 일어났어.

응. 몰락 양반과 신흥 상공업자 외에 농민, 광산 노동자 등이 참여하였잖아.

① 만적의 난　　　② 홍경래의 난
③ 임술 농민 봉기　④ 진주 농민 봉기

13 다음 보기 에서 흥선 대원군의 정책을 모두 골라 기호를 쓰세요.

보기
㉠ 서원을 정리하였다.
㉡ 균역법을 실시하였다.
㉢ 호포제를 실시하였다.
㉣ 경복궁을 다시 지었다.

✎

14 다음은 19세기 외세의 침략을 나타낸 것이에요. (가)에 들어갈 사건에 대한 설명으로 알맞은 것은 무엇인가요? [✎   ]

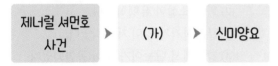

제너럴 셔먼호 사건 ▶ (가) ▶ 신미양요

① 일본이 명성 황후를 시해하였다.
② 프랑스군이 강화도를 침략하였다.
③ 일본의 운요호가 초지진을 공격하였다.
④ 미군과 어재연의 군대가 전투를 벌였다.
⑤ 후금이 청으로 이름을 바꾸고 조선에 쳐들어왔다.

15 ㉠, ㉡에 들어갈 내용을 알맞게 연결한 것은 무엇인가요? [✎   ]

조선 정부는 (㉠   )과 강화도 조약을 맺고 개항하였다. 이 조약은 해안 측량권, 치외 법권 등을 규정한 (㉡   ) 조약이었다.

	㉠	㉡
①	미국	평등
②	미국	불평등
③	일본	평등
④	일본	불평등

16 다음에서 설명하는 사건으로 알맞은 것은 무엇인가요? [✎   ]

개화 정책을 추진하는 과정에서 별기군과의 차별 대우와 밀린 급료 등에 불만을 품은 구식 군대의 군인들이 반란을 일으켰다.

① 임오군란　　② 을미사변
③ 아관 파천　　④ 동학 농민 운동

17 갑신정변에 대한 설명으로 알맞은 것은 무엇인가요? [✎   ]

① 온건 개화파가 주도하였다.
② 백성들의 큰 지지를 얻었다.
③ 정변 전 청이 지원을 약속하였다.
④ 우금치 전투에서 패하면서 끝이 났다.
⑤ 근대 국가 건설을 목표로 한 개혁 운동이었다.

18 (가)에 들어갈 검색어를 쓰세요.

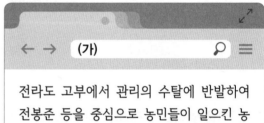

전라도 고부에서 관리의 수탈에 반발하여 전봉준 등을 중심으로 농민들이 일으킨 농민 운동이다. 일본이 경복궁을 점령하자 일본을 물리치기 위한 운동으로 발전하였다.

✎

19 갑오개혁의 내용으로 알맞지 <u>않은</u> 것은 무엇인가요? [✎   ]

① 과거제 폐지　　② 도량형 통일
③ 신분제 폐지　　④ 집강소 설치

20 다음 밑줄 친 '명령'은 무엇인지 쓰세요.

을미개혁 당시 이 <u>명령</u>이 내려지자 양반 유생과 농민들은 부모에게 물려받은 신체를 훼손해서는 안 된다며 거세게 저항하였다.

정답

 정답 QR 코드

완자 공부력 가이드

완자 공부력 시리즈는
앞으로도 계속 출간될 예정입니다.

국어 맞춤법 바로 쓰기
1~2학년용
4책

쓰기력

전과목 어휘
1~6학년용
12책

전과목 한자 어휘
1~6학년용
12책

영어 파닉스
1~2학년용
2책

영어 영단어
3~6학년용
8책

어휘력

국어 독해
1~6학년용
12책

한국사 독해 인물편
3~6학년용
4책

한국사 독해 시대편
3~6학년용
4책

독해력

수학 계산
1~6학년용
12책

계산력

완자 공부력 시리즈로 공부 근육을 키워요!

매일 성장하는
초등 자기개발서
ω 완자
공부력

학습의 기초가 되는 읽기, 쓰기, 셈하기와 관련된
공부력을 키워야 여러 교과를 터득하기 쉬워집니다.
또한 어휘력과 독해력, 쓰기력, 계산력을 바탕으로 한
'공부력'은 자기주도 학습으로 상당한 단계까지 올라갈 수
있는 밑바탕이 되어 줍니다. 그래서 매일 꾸준한 학습이
가능한 '**완자 공부력 시리즈**'로 공부하면 자기주도학습이
가능한 **튼튼한 공부 근육**을 키울 수 있을 것이라 확신합니다.

효과적인 공부력 강화 계획을 세워요!

◉ 학년별 공부 계획
내 학년에 맞게 꾸준하게 공부 계획을 세워요!

		1-2학년	3-4학년	5-6학년
기본	독해	국어 독해 1A 1B 2A 2B	국어 독해 3A 3B 4A 4B	국어 독해 5A 5B 6A 6B
	계산	수학 계산 1A 1B 2A 2B	수학 계산 3A 3B 4A 4B	수학 계산 5A 5B 6A 6B
	어휘	전과목 어휘 1A 1B 2A 2B	전과목 어휘 3A 3B 4A 4B	전과목 어휘 5A 5B 6A 6B
		파닉스 1 2	영단어 3A 3B 4A 4B	영단어 5A 5B 6A 6B
확장	어휘	전과목 한자 어휘 1A 1B 2A 2B	전과목 한자 어휘 3A 3B 4A 4B	전과목 한자 어휘 5A 5B 6A 6B
	쓰기	맞춤법 바로 쓰기 1A 1B 2A 2B		
	독해		한국사 독해 인물편 1 2 3 4	
			한국사 독해 시대편 1 2 3 4	

⊙ 시기별 공부 계획

학기 중에는 **기본**, 방학 중에는 **기본 + 확장**으로 공부 계획을 세워요!

방학 중			
학기 중			
기본			확장
독해	계산	어휘	어휘, 쓰기, 독해
국어 독해	수학 계산	전과목 어휘	전과목 한자 어휘
		파닉스(1~2학년) 영단어(3~6학년)	맞춤법 바로 쓰기(1~2학년) 한국사 독해(3~6학년)

예시 초1 학기 중 공부 계획표 주 5일 하루 3과목 (45분)

월	화	수	목	금
국어 독해	국어 독해	국어 독해	국어 독해	국어 독해
수학 계산	수학 계산	수학 계산	수학 계산	수학 계산
전과목 어휘	파닉스	전과목 어휘	전과목 어휘	파닉스

예시 초4 방학 중 공부 계획표 주 5일 하루 4과목 (60분)

월	화	수	목	금
국어 독해	국어 독해	국어 독해	국어 독해	국어 독해
수학 계산	수학 계산	수학 계산	수학 계산	수학 계산
전과목 어휘	영단어	전과목 어휘	전과목 어휘	영단어
한국사 독해 인물편	전과목 한자 어휘	한국사 독해 인물편	전과목 한자 어휘	한국사 독해 인물편

01 고려를 무너뜨린 조선

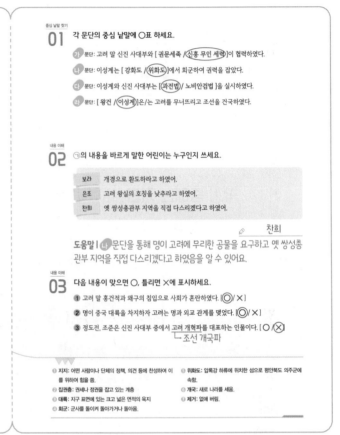

글을 읽으면서 중요하다고 생각하는 낱말에 색칠해 보세요.

가 고려 말, 홍건적과 왜구의 침략으로 고려 사회는 무척 혼란스러웠어요. 신흥 무인 세력은 이러한 외적의 침입을 막으면서 백성의 ¹지지를 얻었어요. 새로운 정치 세력인 신진 사대부는 당시 ²집권층인 권문세족이 부와 권력을 가지는 것에만 집중하자 잘못된 정치를 바꾸려고 하였어요. 신진 사대부는 신흥 무인 세력과 손을 잡고 고려 사회의 문제를 해결하려고 했답니다.

나 이 무렵, 명이 원을 내몰고 중국 ³대륙을 차지하자 고려는 명과 외교 관계를 맺었어요. 그러나 명은 고려에 무리한 공물을 요구하였고 원이 지배하였던 옛 쌍성총관부 지역을 직접 다스리겠다고 하였어요. 고려의 우왕과 최영은 ㉠ 명의 요구에 반발하여 요동을 공격하기로 했어요. 이성계는 요동 정벌에 반대하였으나 우왕의 명령에 따라 군대를 이끌고 나섰어요. 이성계는 여러 구실을 내세워 ⁴회군을 요청하였지만 우왕은 이를 받아들이지 않았어요. 이에 이성계는 압록강의 ⁵위화도에서 군대를 돌려 개경으로 돌아와 우왕과 최영을 몰아내고 권력을 잡았어요.

다 한편, 신진 사대부는 고려 사회의 개혁 방법을 둘러싸고 두 세력으로 나뉘어 갈등하였어요. 이색, 정몽주 등 고려 개혁파는 고려 왕조 내에서 사회 문제를 해결하자고 주장하였어요. 반면, 정도전, 조준 등 조선 ⁶개국파는 새 왕조를 세워야 한다고 주장하였지요. 정권을 잡은 이성계는 조선 개국파와 함께 개혁을 추진하였어요. 이들은 과전법을 실시하여 권문세족이 불법으로 가지고 있던 땅을 거두어 관리들에게 나누어 줌으로써 토지 제도를 개혁하였어요.

라 신진 사대부 내 갈등이 깊어지자 이성계의 아들인 이방원이 고려 개혁파의 대표적인 인물인 정몽주를 ⁷제거하였어요. 반대 세력을 제거한 이성계는 1392년 고려를 무너뜨리고 새 왕조를 열었어요. 이성계는 나라 이름을 조선으로 정하고 조선의 첫 번째 왕이 되었답니다.

중심 낱말 찾기

01 각 문단의 중심 낱말에 ○표 하세요.

가 문단: 고려 말 신진 사대부와 [권문세족 /(신흥 무인 세력)]이 협력하였다.

나 문단: 이성계는 [강화도 /(위화도)]에서 회군하여 권력을 잡았다.

다 문단: 이성계와 신진 사대부는 [(과전법)/ 노비안검법]을 실시하였다.

라 문단: [왕건 /(이성계)]은/는 고려를 무너뜨리고 조선을 건국하였다.

내용 이해

02 ㉠의 내용을 바르게 말한 어린이는 누구인지 쓰세요.

보라	개경으로 환도하라고 하였어.
은조	고려 왕실의 호칭을 낮추라고 하였어.
찬희	옛 쌍성총관부 지역을 직접 다스리겠다고 하였어.

✎ **찬희**

도움말 | **나** 문단을 통해 명이 고려에 무리한 공물을 요구하고 옛 쌍성총관부 지역을 직접 다스리겠다고 하였음을 알 수 있어요.

내용 이해

03 다음 내용이 맞으면 ○, 틀리면 ✕에 표시하세요.

❶ 고려 말 홍건적과 왜구의 침입으로 사회가 혼란하였다. [(○)/ ✕]

❷ 명이 중국 대륙을 차지하자 고려는 명과 외교 관계를 맺었다. [(○)/ ✕]

❸ 정도전, 조준은 신진 사대부 중에서 고려 개혁파를 대표하는 인물이다. [○ /(✕)]
　　　　　　　　　└ 조선 개국파

---

① **지지**: 어떤 사람이나 단체의 정책, 의견 등에 찬성하여 이를 위하여 힘을 씀.
② **집권층**: 권세나 정권을 잡고 있는 계층.
③ **대륙**: 지구 표면에 있는 크고 넓은 면적의 육지.
④ **회군**: 군사를 돌이켜 돌아가거나 돌아옴.
⑤ **위화도**: 압록강 하류에 위치한 섬으로 평안북도 의주군에 속함.
⑥ **개국**: 새로 나라를 세움.
⑦ **제거**: 없애 버림.

내용 이해

04 다음에서 설명하는 토지 제도를 이 글에서 찾아 쓰세요.

- 이성계와 조선 개국파 신진 사대부가 실시하였다.
- 권문세족이 불법으로 가지고 있던 땅을 거두어 관리들에게 나누어 주었다.

✎ **과전법**

도움말 | **다** 문단을 통해 이성계와 조선 개국파 신진 사대부가 과전법을 실시하였음을 알 수 있어요.

내용 이해

05 이 글을 읽고 이성계에 대해 알 수 있는 내용이 아닌 것은 무엇인가요? [✎ ④]

① 조선을 건국하였다.
② 요동 정벌에 반대하였다.
③ 우왕과 최영을 몰아냈다.
④ 고려 개혁파와 손을 잡았다.
⑤ 이방원이라는 아들이 있었다.

도움말 | ④ 이성계는 조선 개국파와 손을 잡고 개혁을 추진하였어요.

내용 이해

06 조선의 건국 과정에서 있었던 일을 순서에 맞게 번호를 쓰세요.

✎ 4	✎ 1	✎ 3	✎ 2
고려가 멸망하고 조선이 건국되었다.	우왕과 최영이 요동 정벌을 추진하였다.	이성계와 신진 사대부가 과전법을 실시하였다.	이성계가 위화도에서 회군하여 정권을 장악하였다.

내용 추론

07 이 글을 읽고 신진 사대부가 다음과 같이 나뉜 까닭을 쓰세요.

```
          신진 사대부
      ┌───────┴───────┐
   고려 개혁파        조선 개국파
```

✎ 고려 사회의 개혁 방법을 두고 고려 개혁파는 고려 왕조 내에서 문제를 해결할 것을 주장하였고, 조선 개국파는 새 왕조를 세워야 한다고 주장하였다.

---

01 다음 뜻을 나타내는 낱말에 ○표 하세요.

❶ 새로 나라를 세움. [(개국)/ 광복]

❷ 군사를 돌이켜 돌아가거나 돌아옴. [진격 /(회군)]

❸ 지구 표면에 있는 크고 넓은 면적의 육지 [(대륙)/ 대양]

02 다음 빈칸에 들어갈 낱말을 찾아 선으로 이으세요.

❶ 제거 —─┐　┌── ㉠ 우리 민족은 (외적)의 침입을 많이 받았다.

❷ 외적 ──┼──┘　㉡ 최충헌은 이의민을 (제거)하고 권력을 장악하였다.

❸ 집권층 ──── ㉢ 국민들은 (집권층)의 부정부패에 반발하여 혁명을 일으켰다.

03 다음 글의 밑줄 친 '지지'와 같은 뜻으로 사용된 문장은 무엇인가요? [✎ ③]

당시 정권을 잡고 있던 서인은 효종의 북벌 정책을 <u>지지</u>하였다.

① 가게에서 전을 <u>지지</u>는 냄새가 진동하였다.
② 나는 체구는 작지만 싸움에서는 <u>지지</u> 않는다.
③ 학생들의 큰 <u>지지</u>를 얻어 학생회장에 당선되었다.
④ 아침이 밝자 새가 <u>지지</u>대며 울어 대기 시작하였다.
⑤ 옷에 심한 얼룩이 생겨 여러 번 빨아도 잘 <u>지지</u> 않았다.

02 조선 초 국가 기틀의 확립

글을 읽으면서 중요하다고 생각하는 낱말에 색칠해 보세요.

가 조선을 세운 태조 이성계는 왕위에 오른 후 수도를 한양으로 옮겼어요. 한양은 한반도의 가운데에 위치하였고 한강이 흐르고 있어 교통이 편리한 지역이었어요. 또한 산으로 둘러싸여 방어에 유리하였고, 땅이 넓고 평평하여 사람들이 살기에도 좋았지요. 조선 건국을 이끌었던 정도전이 새 수도인 한양 설계에 앞장섰어요. 조선은 유교 정치 °이념을 내세웠기에 한양에 세운 경복궁과 흥인지문, 돈의문, 숭례문, 숙정문의 °사대문에 유교 °덕목을 담은 이름을 붙였어요.

나 태종은 왕권을 안정화하는 한편 나라의 °기틀을 세우기 위해 노력하였어요. 우선, 왕족이나 신하들이 거느리는 사병을 없애 왕권을 강화하였어요. 그리고 ㉠ 호패법을 실시하여 백성이 신분 증명증인 호패를 지니고 다니게 함으로써 인구를 파악하고 세금과 군역을 거두는 데 활용하였어요. 태종은 전국을 8개의 도로 나누고 각 도에 관리를 파견하여 나라를 효과적으로 다스리려 하였답니다.

다 태종 때의 안정된 왕권을 바탕으로 세종은 유교의 이상에 맞는 정치를 펼치려 하였어요. 세종은 집현전을 설치하여 학자들이 학문 연구에 힘쓰도록 하였어요. 또한 토지에 매긴 세금 제도를 정비하여 °풍흉과 땅의 상태에 따라 세금을 달리 거두어 백성의 생활을 돕고 국가 재정을 풍족하게 하였어요. °국방에도 힘써 외적이 침범하면 단호하게 °대처하였어요. 남쪽으로는 왜구를 물리치려고 쓰시마섬(대마도)을 정벌하였어요. 북쪽으로는 여진을 몰아내고 4군 6진을 설치하여 조선의 국경을 압록강과 두만강까지 넓혔답니다.

라 성종은 집현전을 계승한 홍문관을 설치하는 등 통치 제도를 정비하였고, 세조 때 중단되었던 °경연을 다시 열었어요. 또한 세조 때 편찬하기 시작한 조선의 통치 법전인 『경국대전』을 완성하여 반포함으로써 유교 중심의 국가 통치 질서를 확립하였어요.

중심 낱말 찾기

01 각 문단의 중심 낱말을 찾아 쓰세요.

가 문단: <u>태 조</u>의 한양 천도
나 문단: <u>태 종</u>의 제도 정비
다 문단: <u>세 종</u>의 유교 정치 실현
라 문단: <u>성 종</u>의 통치 질서 확립

내용 이해

02 다음에서 설명하는 지역을 이 글에서 찾아 쓰세요.

> 한반도의 가운데에 위치하고 있으며, 한강이 흐르고 있어 교통이 편리하고, 산으로 둘러싸여 외적을 막기에 유리하다.

🖊 한양

내용 이해

03 ㉠을 실시한 까닭은 무엇인지 쓰세요.

🖊 인구를 파악하고 세금과 군역을 거두는 데 활용하였다.

내용 이해

04 다음 내용이 맞으면 ○, 틀리면 ×에 표시하세요.

① 태종 때에 여진을 몰아내고 4군 6진을 설치하였다. [○ /(×) → 세종
② 성종은 홍문관을 설치하고 중단되었던 경연을 다시 열었다. [(○)/ ×]

① **이념**: 이상적인 것으로 여겨지는 생각이나 견해
② **사대문**: 조선 시대에 서울 도성에 세운 4개의 성문
③ **덕목**: 충, 효, 인, 의 등 덕을 분류하는 명목
④ **기틀**: 어떤 일의 가장 중요한 계기나 조건
⑤ **풍흉**: 풍년과 흉년을 아울러 이르는 말
⑥ **국방**: 외국의 침략에 대비 태세를 갖추고 국토를 방위하는 일
⑦ **대처**: 어떤 정세나 사건에 대하여 알맞은 조치를 취함.
⑧ **경연**: 임금이 학문이나 기술을 강론하고 더불어 신하들과 나라의 정치를 협의하던 일

내용 이해

05 다음 정책과 그 목적을 선으로 이으세요.

정책		목적
① 집현전 설치		㉠ 백성에게 피해를 주던 왜구를 물리치려 하였다.
② 쓰시마섬 토벌		㉡ 유능한 학자들의 학문 연구를 지원하려 하였다.
③ 『경국대전』 완성		㉢ 유교 중심의 국가 통치 질서를 확립하려 하였다.

내용 이해

06 다음은 조선 초의 제도 정비 과정이에요. ㉠~㉢에 들어갈 왕은 누구인지 이 글에서 찾아 쓰세요.

㉠	㉡	㉢
왕족과 신하가 거느린 사병을 없애고 호패법을 실시하였다.	집현전을 설치하고 토지에 매긴 세금 제도를 정비하였다.	홍문관을 설치하고 『경국대전』의 편찬을 완성하였다.

🖊 ㉠ 태종 ㉡ 세종 ㉢ 성종

내용 추론

07 이 글을 읽은 어린이가 다음 자료를 해석한 내용으로 알맞은 것은 무엇인가요? [🖊 ②]

> 조선 시대에 첫 번째로 지은 궁궐인 경복궁에는 큰 복을 누린다는 뜻을 담았다. 또한 한양의 동쪽 문인 흥인지문에는 인자함(仁)을 일으켜야 한다는 의미를, 남쪽 문인 숭례문에는 예의(禮)를 존중한다는 의미를 담았다.

① 불교가 융성하였음을 보여 주는 사례들이야.
② 조선 시대의 한양은 유교 이념에 따라 건설되었어.
③ 일본의 학문이 조선 지식인들에게 많은 영향을 주었어.
④ 청의 발달된 문물이 조선 사회에 전해졌음을 알 수 있어.
⑤ 당시 도교가 유행하면서 현세의 복을 구하는 일이 중시되었어.

도움말 | 가 문단을 통해 조선이 유교 이념에 따라 한양에 국가 시설을 배치하고 건물의 이름을 지었음을 확인할 수 있어요.

---

01 다음 낱말의 뜻을 찾아 선으로 이으세요.

① 경연		㉠ 풍년과 흉년을 아울러 이르는 말
② 덕목		㉡ 충, 효, 인, 의 등 덕을 분류하는 명목
③ 풍흉		㉢ 임금이 학문이나 기술을 강론하고 더불어 신하들과 나라의 정치를 협의하던 일

02 다음 밑줄 친 낱말의 뜻을 보기에서 찾아 기호를 쓰세요.

보기
㉠ 어떤 일의 가장 중요한 계기나 조건
㉡ 이상적인 것으로 여겨지는 생각이나 견해
㉢ 어떤 정세나 사건에 대하여 알맞은 조치를 취함.

① 그 학교의 설립 <u>이념</u>은 유능한 인재 양성이었다. (㉡)
② 조선은 국가 <u>기틀</u>을 다지면서 다양한 역사책을 편찬하였다. (㉠)
③ 구조 과정에서 위기 상황이 발생하였으나 구조대원은 오랜 경험과 훈련을 바탕으로 능숙하게 <u>대처</u>하였다. (㉢)

03 다음 글에서 밑줄 친 내용과 바꾸어 쓸 수 있는 낱말은 무엇인가요? [🖊 ②]

> 국군의 날을 맞아 텔레비전에서는 나라의 영토를 지키는 일의 중요성에 대한 프로그램을 방송하였다. 이 프로그램을 보고 국가 안전을 위해 애쓰고 계시는 국군 장병에게 감사하는 마음을 가져야겠다는 생각이 들었다.

① 국경 　② 국방 　③ 방호 　④ 치안 　⑤ 침략

03 세종 대의 과학과 문화 발달

016쪽
017쪽

글을 읽으면서 중요하다고 생각하는 낱말에 색칠해 보세요.

가 조선 시대 세종은 백성의 생활을 안정시키고 나라를 ¹부강하게 만들기 위해 노력하였어요. 이에 정치가 안정되고 과학이 크게 발전하였어요. 세종이 세운 집현전은 도서를 ²수집하거나 왕에게 자문하는 일을 담당하는 기관이었으나 백성의 생활에 도움이 되는 과학 기구를 발명하여 보급하는 일도 하였어요. 세종은 장영실같이 신분이 낮아도 기술이 뛰어난 사람이 있으면 관리로 뽑아 과학 기술을 개발하도록 하였답니다. 이때 발명된 과학 기구로 비가 내린 양을 ³측정하는 측우기, 스스로 시각을 알려 주는 물시계인 자격루, 해시계인 앙부일구, 천체를 관찰하는 데 사용하는 혼천의 등이 있어요. 또한 우리나라의 독자적인 역법서인 『칠정산』을 편찬하여 일출과 일몰, 일식과 월식의 정확한 때를 한양을 기준으로 계산할 수 있게 하였어요. 세종은 농사를 중요하게 여겨 우리 땅에 알맞은 농사 방법을 정리한 『농사직설』이라는 책도 펴내도록 하였답니다. 한편, 세종 대에는 화살에 ⁴화약을 단 신기전, 신기전을 연속하여 ⁵발사할 수 있는 화차 등 새로운 무기가 개발되었어요. 이러한 신무기는 여진과 왜구를 ⁶토벌하는 데 활용되었어요.

나 세종 대에는 훈민정음이 ⁷창제되면서 문화가 크게 발전하였어요. 당시 지배층은 중국의 한자를 사용하였지만 대부분의 백성은 한자를 몰라 일상생활에 어려움을 겪었어요. 이를 안타깝게 여긴 세종은 오랜 연구 끝에 백성이 글을 쉽게 익힐 수 있도록 훈민정음을 만들었어요. '백성을 가르치는 바른 소리'라는 뜻을 지닌 훈민정음은 28자의 소리글자로 되어 있어 우리말을 그대로 읽고 쓰기에 편리한 과학적인 글자예요. 훈민정음이 창제되면서 백성은 자신의 생각과 감정을 글로 쉽게 표현할 수 있게 되었어요. 훈민정음 창제 이후 정부는 왕실의 업적을 노래한 『용비어천가』를 비롯한 다양한 서적을 훈민정음으로 편찬하여 훈민정음을 보급하기 위해 노력하였어요.

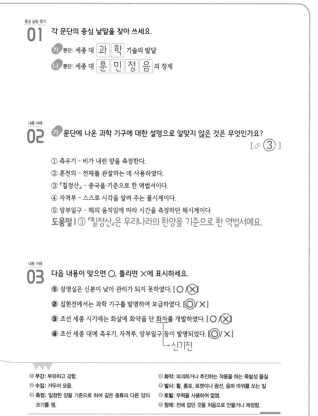

중심 낱말 찾기
01 각 문단의 중심 낱말을 찾아 쓰세요.

가 문단: 세종 대 [과][학] 기술의 발달
나 문단: 세종 대 [훈][민][정][음]의 창제

내용 이해
02 가 문단에 나온 과학 기구에 대한 설명으로 알맞지 않은 것은 무엇인가요? [✎ ③]

① 측우기 - 비가 내린 양을 측정한다.
② 혼천의 - 천체를 관찰하는 데 사용하였다.
③ 『칠정산』 - 중국을 기준으로 한 역법서이다.
④ 자격루 - 스스로 시각을 알려 주는 물시계이다.
⑤ 앙부일구 - 해의 움직임에 따라 시간을 측정하던 해시계이다

도움말 | ③ 『칠정산』은 우리나라의 한양을 기준으로 한 역법서에요.

내용 이해
03 다음 내용이 맞으면 ○, 틀리면 ✕에 표시하세요.

① 장영실은 신분이 낮아 관리가 되지 못하였다. [○ /✕]
② 집현전에서는 과학 기구를 발명하여 보급하였다. [○/ ✕]
③ 조선 세종 시기에는 화살에 화약을 단 화차를 개발하였다. [○ /✕]
④ 조선 세종 대에 측우기, 자격루, 앙부일구 등이 발명되었다. [○/ ✕]
└신기전

① **부강**: 부유하고 강함.
② **수집**: 거두어 모음.
③ **측정**: 일정한 양을 기준으로 하여 같은 종류의 다른 양의 크기를 잼.
④ **화약**: 파괴하거나 추진하는 작용을 하는 폭발성 물질
⑤ **발사**: 활, 총포, 로켓이나 광선, 음파 따위를 쏘는 일
⑥ **토벌**: 무력을 사용하여 없앰.
⑦ **창제**: 전에 없던 것을 처음으로 만들거나 제정함.

018쪽
019쪽

내용 이해
04 다음 서적과 그 특징을 선으로 이으세요.

서적 / 특징
① 『칠정산』 — ㉠ 한양을 기준으로 한 역법서이다.
② 『농사직설』 — ㉡ 훈민정음을 보급하기 위해 편찬하였다.
③ 『용비어천가』 — ㉢ 우리 땅에 알맞은 농사 방법을 정리하였다.

내용 이해
05 훈민정음에 대해 바르게 말한 어린이를 모두 쓰세요.

연희 28자의 소리글자로 되어 있어.
솔찬 '백성을 가르치는 바른 소리'라는 뜻을 지녔어.
하온 한자보다 배우기 어려워 백성들에게 도움이 되지 못하였어.

✎ 연희 , 솔찬

도움말 | 나 문단에서 백성이 한자를 몰라 겪는 어려움을 해결하기 위해 세종이 훈민정음을 만들었다는 내용을 확인할 수 있어요.

내용 추론
06 다음 대화의 빈칸에 들어갈 훈민정음의 특징을 쓰세요.

훈민정음이 창제되면서 백성의 일상생활이 편리해졌대. 훈민정음은 어떤 글자이길래 그런 걸까?

훈민정음은 □□□□. 그렇기에 백성들은 훈민정음을 쉽게 익힐 수 있었어.

✎ 우리말을 그대로 읽고 쓰기에 편리한 과학적인 글자야.

01 다음 낱말의 뜻을 찾아 선으로 이으세요

① 발사 — ㉠ 무력을 사용하여 없앰.
② 토벌 — ㉡ 전에 없던 것을 처음으로 만들거나 제정함.
③ 창제 — ㉢ 활, 총포, 로켓이나 광선, 음파 따위를 쏘는 일

02 다음 문장의 빈칸에 들어갈 낱말을 보기에서 찾아 쓰세요.

보기: 천체   측정   화약

① 도시의 대기 오염 정도를 (측정)하였다.
② 망원경으로 우주의 (천체) 운동을 관측하였다.
③ (화약)이 폭발하면서 건물 전체가 모두 부서졌다.

03 다음 뜻을 나타내는 낱말이 들어갈 문장으로 알맞지 않은 것은 무엇인가요? [✎ ③]

[수][집]: 거두어 모음.

① 정보 [수][집]을 위해 도서관에 갔다.
② 그는 희귀한 우표를 [수][집]하는 취미가 있었다.
③ 조선어학회는 한글을 널리 [보][급]하는 데 힘썼다.
④ 기부금을 모으기 위해 폐품을 [수][집]하고 성금을 거두었다.
⑤ 그는 평생 동안 고려 시대의 자기, 거울 등 민속품을 [수][집]하였다.

04 조선 전기의 예술

글을 읽으면서 중요하다고 생각하는 낱말에 색칠해 보세요.

가 조선 전기에는 양반 중심의 문화가 발달하였어요. 공예에서는 고려 말부터 도자기를 만드는 기술에 변화가 나타나 회청색 흙으로 빚은 뒤 흰 흙을 표면에 얇게 칠한 분청[1] 사기가 많이 만들어졌어요. 16세기 이후에는 흰 흙으로 빚은 뒤 투명한 유약을 바른 백자가 많이 만들어졌어요. 백자는 깨끗하고 단아한 아름다움을 지녀 양반들의 큰 사랑을 받았어요.

나 그림에서는 주로 양반 계층 문인들과 그림에 관한 일을 담당하는 관청인 도화서에 속한 [2]화원들이 활약하였어요. 강희안은 「고사관수도」에서 선비가 바위에 기대어 물을 바라보는 여유로운 모습을 표현하였어요. 세종의 셋째 아들인 안평 대군은 이상 세계인 [3]무릉도원을 노니는 꿈을 꾼 후 도화서 화원인 안견에게 그 내용을 그리도록 하였어요. 이 그림이 바로 현실 세계와 이상 세계를 조화롭게 표현한 「몽유도원도」예요. 또한 이 시기에는 산과 물이 어우러진 자연을 그리는 산수화가 유행하였고 매화, 난초, 국화, 대나무를 소재로 선비의 [4]지조를 나타내는 사군자화도 유행하였어요. 한편, 신사임당 등 여성이 그린 그림도 남아 있어요. 신사임당은 주변에서 흔히 볼 수 있는 동물과 식물을 섬세하게 [5]묘사하였는데 대표적인 작품으로 「초충도」가 있어요.

다 문학에서는 서거정이 삼국 시대부터 조선 초기까지의 시와 [6]산문을 모아 「동문선」을 펴냈어요. 김시습은 최초의 한문 소설인 「금오신화」를 지었지요. 훈민정음의 창제 이후 한글로 지은 가사 문학도 발달하여 정철이 「관동별곡」과 같은 작품을 남기기도 하였어요.

라 조선 전기에는 음악도 정비되었어요. 궁중 음악인 아악을 정리하였고, [7]종묘에서 제사를 지내는 동안 연주되는 음악인 종묘 제례악이 완성되기도 하였어요. 성종 때에는 조선 전기의 음악적 [8]성과를 모아 「악학궤범」이라는 책을 펴내었답니다.

020쪽 021쪽

중심 낱말 찾기

01 각 문단의 중심 낱말에 ○표 하세요.

가 문단: 조선에서는 16세기 이후 [백자]/ 청자 가 유행하였다.

나 문단: 조선 전기에는 [도화서]/ 집현전 에 속한 화원들이 그림을 많이 그렸다.

다 문단: 김시습은 최초의 한문 소설인 「동문선」/ [금오신화] 을/를 지었다.

라 문단: 조선 성종 때는 음악적 성과를 모아 「경국대전」/ [악학궤범] 을 편찬하였다.

내용 이해

02 다음 작품을 남긴 인물을 **나** 문단에서 찾아 쓰세요.

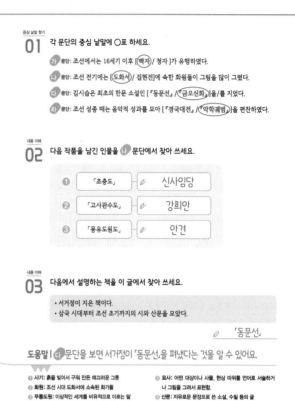

① 「초충도」 ✏ 신사임당
② 「고사관수도」 ✏ 강희안
③ 「몽유도원도」 ✏ 안견

내용 이해

03 다음에서 설명하는 책을 이 글에서 찾아 쓰세요.

- 서거정이 지은 책이다.
- 삼국 시대부터 조선 초기까지의 시와 산문을 모았다.

✏ 「동문선」

도움말 | **다** 문단을 보면 서거정이 「동문선」을 펴냈다는 것을 알 수 있어요.

① **분청:** 흙을 빚어서 구워 만든 매끄러운 그릇
② **화원:** 조선 시대 도화서에 소속되어 있던 화가들
③ **무릉도원:** 이상적인 세계를 비유적으로 이르는 말
④ **지조:** 원칙과 신념을 굽히지 아니하고 끝까지 지켜 나가는 꿋꿋한 의지
⑤ **묘사:** 어떤 대상이나 사물, 현상 따위를 언어로 서술하거나 그림을 그려서 표현함.
⑥ **산문:** 자유로운 문장으로 쓴 소설, 수필 등의 글
⑦ **종묘:** 역대 왕과 왕비의 위패를 모시던 사당
⑧ **성과:** 이루어 낸 결실

내용 이해

04 이 글의 내용과 일치하지 <u>않는</u> 것은 무엇인가요? [✏ ③]

① 「관동별곡」은 정철이 남긴 작품이다.
② 「금오신화」는 최초의 한문 소설이다.
③ 「몽유도원도」는 사군자를 그린 그림이다.
④ 조선 전기에는 종묘 제례악이 완성되었다.
⑤ 조선 시대에 백자는 양반들의 사랑을 받았다.

도움말 | ③ 「몽유도원도」는 안평 대군이 무릉도원에 다녀온 꿈을 꾼 후 안견에게 그 내용을 그리도록 한 작품이에요.

내용 이해

05 다음 빈칸을 채워 이 글의 내용을 정리하세요.

조선 전기 (㉠) 중심의 문화 발달

| **가** 공예에서 분청 사기와 (㉡) 발달 | **나** 그림에서 양반 계층 문인과 도화서 화원의 활약 | **다** 문학에서 한문 소설과 가사 문학 발달 | **라** 음악에서 종묘 제례악(㉢) 발달 |

✏ ㉠ 양반   ㉡ 백자   ㉢ 아악

내용 추론

06 다음에서 설명하는 공예품에 해당하는 것은 무엇인가요? [✏ ②]

조선 시대에 만들어진 도자기로 잘록하고 가느다란 목이 서서히 넓어지는 형태를 띠고 있어 안정감과 곡선미를 잘 보여 준다. 깨끗한 표면에 한 가닥 끈 모양의 무늬를 휘감아 늘어뜨린 모습이 잘 어우러진다.

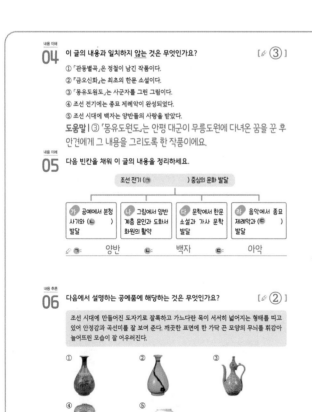

① ② ③
④ ⑤

022쪽 023쪽

01 다음 뜻을 나타내는 낱말에 ○표 하세요.

① 역대 왕과 왕비의 위패를 모시던 사당 [왕궁 / 종묘]
② 자유로운 문장으로 쓴 소설, 수필 등의 글 [산문 / 운문]
③ 어떤 대상이나 사물, 현상 따위를 언어로 서술하거나 그림을 그려서 표현함. [묘사 / 추론]

02 다음 빈칸에 들어갈 낱말을 찾아 선으로 이으세요.

① 공예 • • ㉠ 부엌에서 (사기) 접시 깨지는 소리가 들렸다.

② 사기 • • ㉡ 경제 개발 5개년 계획은 상당한 (성과)를 거두었다.

③ 성과 • • ㉢ 어떤 유혹에도 그의 굳은 (지조)는 흔들리지 않았다.

④ 지조 • • ㉣ 삼국 시대에 다수의 화가, (공예) 기술자가 일본에 건너갔다.

03 다음 글에서 밑줄 친 낱말과 바꾸어 쓸 수 있는 낱말은 무엇인가요? [✏ ④]

그 마을은 이 세상에 실제로 존재하는 것이 아닌 듯하였다. 감탄을 자아내는 아름다운 경치에 마을에 도착한 사람들 모두 <u>이상향</u>을 본 것처럼 넋을 잃고 바라만 보았다.

① 이승   ② 저승   ③ 현생
④ 무릉도원   ⑤ 오매불망

05 유교 질서를 바탕으로 한 조선 사회

024쪽
025쪽

글을 읽으면서 주요하다고 생각하는 낱말에 색칠해 보세요.

가 조선을 건국한 신진 사대부들은 임금부터 백성까지 모두 유교 질서에 따라 생활해야 한다고 생각하였어요. 나라의 ①근본이 백성에게 있다는 유교의 가르침에 따라 왕은 백성을 위한 정치를 펼치려 노력하였고, 유교 정치 이념이 담긴 『경국대전』에 따라 나라를 다스렸어요.

나 유교에서는 임금과 신하, 부모와 자식, 남편과 아내 사이의 ②도리를 강조하였어요. 윗사람과 아랫사람 사이의 질서, 친구 사이의 믿음도 중요하게 여겼지요. 백성이 유교의 가르침에 따라 생활할 수 있도록 세종은 『삼강행실도』를 편찬하였어요. 이 책은 우리나라와 중국에서 모범이 될 만한 ③충신, ④효자, ⑤열녀 등의 이야기를 백성이 이해하기 쉽도록 글과 그림으로 구성한 책이에요.

다 조선 시대에는 백성이 유교 예절에 따라 집안 행사를 치렀어요. 나라에서는 ⑥관혼상제를 중요한 일로 생각하여 백성에게 유교 예절을 따르도록 하였답니다. 오늘날 전해지는 혼인이나 ⑦장례, 제사 문화도 유교의 영향을 받은 것들이 많아요.

라 한편, 조선에서는 태어날 때부터 신분이 정해져 있었어요. 신분은 크게 양인과 천인으로 구분하였지만 실제로는 양반, 중인, 상민, 천민의 네 계층으로 나뉘었답니다. 조선 시대 사람들은 유교적 질서에 따라 주어진 신분에 맞게 생활하였어요. 양반 남자는 주로 관리가 되거나 유교의 가르침이 담긴 책을 공부하였어요. 중인은 관청에서 일하거나 전문적인 일을 담당하였는데 환자를 치료하는 의관, 궁궐에서 그림을 그리는 화원, 외국 사신을 맞이하며 ⑧통역하는 역관 등이 중인에 속하였어요. 상민은 대부분 농사를 지으며 나라에 큰 공사나 일이 있을 때 불려 가서 일을 하였어요. 천민의 대다수를 이룬 것은 노비로, 이들은 양반의 집이나 관공서에서 주인을 위해 일하거나 물건을 만드는 일을 하며 생활하였어요. 주인과 따로 살면서 주인집에 돈이나 물건을 바치는 노비도 있었답니다.

중심 낱말 찾기

01 다음 ⊙, ⓒ에 들어갈 낱말을 이 글에서 찾아 쓰세요.

> 조선 세종 때 편찬한 (⊙)은/는 백성이 (ⓒ)의 가르침을 잘 실천할 수 있도록 우리나라와 중국에서 모범이 될 만한 충신, 효자, 열녀 등의 이야기를 글과 그림으로 구성한 책이다.

✎ ⊙: 『삼강행실도』 ⓒ: 유교

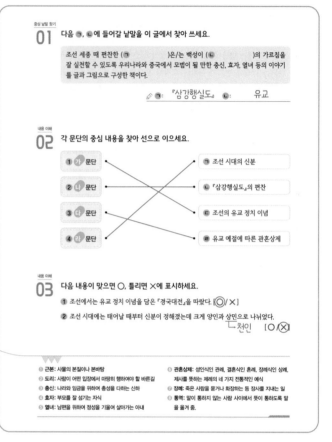

02 각 문단의 중심 내용을 찾아 선으로 이으세요.

1 **가** 문단 ——————— ⊙ 조선 시대의 신분

2 **나** 문단 ——————— ⓒ 『삼강행실도』의 편찬

3 **다** 문단 ——————— ⓒ 조선의 유교 정치 이념

4 **라** 문단 ——————— ⓔ 유교 예절에 따른 관혼상제

03 다음 내용이 맞으면 ◯, 틀리면 ✕에 표시하세요.

① 조선에서는 유교 정치 이념을 담은 『경국대전』을 따랐다. [◯/ ✕]

② 조선 시대에는 태어날 때부터 신분이 정해졌는데 크게 양인과 상민으로 나뉘었다.
　　　　　　└천인　[◯/ ✕]

① **근본**: 사물의 본질이나 본바탕
② **도리**: 사람이 어떤 입장에서 마땅히 행하여야 할 바른길
③ **충신**: 나라와 임금을 위하여 충성을 다하는 신하
④ **효자**: 부모를 잘 섬기는 자식
⑤ **열녀**: 남편을 위하여 정성을 기울여 살아가는 아내

⑥ **관혼상제**: 성인식인 관례, 결혼식인 혼례, 장례식인 상례, 제사를 뜻하는 제례의 네 가지 전통적인 예식
⑦ **장례**: 죽은 사람을 묻거나 화장하는 등 장사를 지내는 일
⑧ **통역**: 말이 통하지 않는 사람 사이에서 뜻이 통하도록 말을 옮겨 줌.

026쪽
027쪽

내용 이해

04 이 글의 내용과 일치하지 않는 것은 무엇인가요? [✎ ①]

① 조선 시대의 의관, 화원, 역관은 천민에 속하였다.
② 조선에서는 유교 정치 이념에 따라 나라를 다스렸다.
③ 조선 시대에는 유교 예절에 따라 집안 행사를 치렀다.
④ 조선 시대에는 태어나면서부터 신분이 정해져 있었다.
⑤ 유교에서는 부모와 자식 간의 도리를 중요하게 여겼다.

도움말 | ① 조선 시대에 의관, 화원, 역관은 중인에 속하였어요.

내용 이해

05 조선 시대의 신분과 그 특징을 선으로 이으세요.

신분		특징
1 양반		⊙ 관청에서 일을 하거나 전문적인 일을 담당함.
2 중인		ⓒ 주로 관리가 되거나 유교의 가르침이 담긴 책을 공부함.
3 상민		ⓒ 대부분 농사를 지으며 나라에 큰 공사가 있을 때 불려 감.
4 천민		ⓔ 양반의 집에서 주인을 위해 일하거나 관공서에서 물건을 만듦.

내용 추론

06 다음 사례를 통해 알 수 있는 조선 사회의 성격으로 알맞은 것은 무엇인가요? [✎ ②]

> • 조선에서는 『경국대전』을 바탕으로 나라를 다스렸다.
> • 세종 대에는 『삼강행실도』를 편찬하여 백성에게 널리 나누어 주었다.

① 불교 의식을 중시하였다.
② 유교 질서를 바탕으로 하였다.
③ 민족의 통합을 위해 노력하였다.
④ 자유롭게 신분을 선택할 수 있었다.
⑤ 다양한 사상이 융합하여 발전하였다.

도움말 | 『경국대전』은 유교 이념이 담긴 조선의 법전이고, 『삼강행실도』는 유교의 예절을 전하는 의례서예요.

01 다음 뜻을 나타내는 낱말을 쓰세요.

① 나라와 임금을 위하여 충성을 다하는 신하 [충][신]

② 남편을 위하여 정성을 기울여 살아가는 아내 [열][녀]

③ 말이 통하지 않는 사람 사이에서 뜻이 통하도록 말을 옮겨 줌. [통][역]

02 다음 빈칸에 들어갈 낱말을 오른쪽 상자에서 찾아 쓰세요.

① 정치에 있어 [근][본]*은 국민을 주인으로 생각하는 것이다. *사물의 본질이나 본바탕

② 마을 사람들은 그가 세상에 둘도 없는 [효][자]라고 칭찬하였다. *부모를 잘 섬기는 자식

③ 우리 조상들은 [관][혼][상][제]를 중시하여 엄숙히 의식을 치르도록 하였다. *관례·혼례·상례·제례의 네 가지 전통적인 예식

농	사	직	설
관	혼	상	제
리	례	근	본
천	효	기	루
민	자	양	인

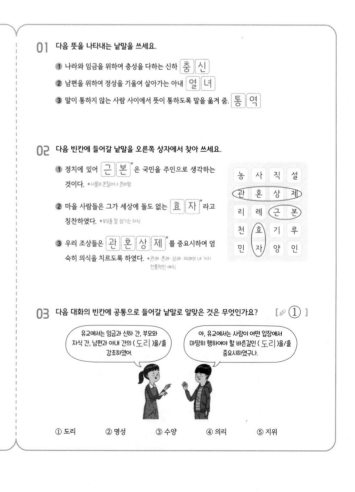

03 다음 대화의 빈칸에 공통으로 들어갈 낱말로 알맞은 것은 무엇인가요? [✎ ①]

> 유교에서는 임금과 신하 간, 부모와 자식 간, 남편과 아내 간의 (도리)을/를 강조하였어.

> 아, 유교에서는 사람이 어떤 입장에서 마땅히 행하여야 할 바른길인 (도리)을/를 중요시하였구나.

① 도리　② 명성　③ 수양　④ 의리　⑤ 지위

06 임진왜란의 발발과 극복

글을 읽으면서 중요하다고 생각하는 낱말에 색칠해 보세요.

가 조선은 건국 후 200여 년이 지나자 정치가 혼란해졌고, 오랜 기간 평화를 누리면서 군사력도 약해졌어요. 일본에서는 전국 시대를 통일한 도요토미 히데요시가 조선 침략을 준비하였어요. 1592년 일본군이 명을 정벌하러 가는 길을 빌려 달라는 구실로 조선을 침략하면서 임진왜란이 시작되었어요. 조총으로 무장한 일본군은 부산진과 동래성을 점령하고 한성으로 진격하였어요. 조선군은 일본군에게 연이어 겼고, 선조는 의주로 [●]피란하는 한편 명에 도움을 요청하였어요.

나 수군절도사가 된 이순신은 거북선과 판옥선을 만들어 일본군의 침입에 [●]대비하였어요. 임진왜란이 일어나자 조선 수군은 옥포에서 일본군에 첫 승리를 거두고 이어 사천, 당포, 한산도 등에서도 모두 승리하였어요. 이로써 조선 수군은 전라도와 충청도의 [●]곡창 지대를 지킬 수 있었지요.

다 육지에서는 다양한 신분의 사람들이 [●]의병을 조직하였어요. 이들은 고장의 지리에 익숙하다는 점을 활용한 전술을 펼쳐 일본군의 보급로를 차단하였어요. 경상도 의령에서 곽재우는 자신의 재산으로 의병을 모아 여러 전투에서 일본군에게 승리를 거두었답니다.

라 한편, 명의 군대가 일본의 대륙 진출을 막기 위해 [●]참전하였어요. 조선과 명의 [●]연합군은 평양성에서 일본군에게 승리를 거둔 후 한성을 되찾으러 이동하였어요. 이때 김시민은 진주성에서 일본군을 물리쳤고, 권율이 이끈 관군은 행주산성에서 일본군에 승리를 거두었어요.

마 남쪽으로 밀려난 일본군은 [●]휴전을 제안하였으나 휴전 회담은 성과 없이 끝났어요. 이에 일본군이 조선을 다시 침략하면서 정유재란이 일어났어요. 조선이 미리 대비한 탓에 일본군은 계속 패배하였고 도요토미 히데요시가 죽자 조선에서 철수하였어요. 이순신의 수군이 노량에서 일본군을 무찌르면서 7년 간의 전쟁은 끝이 났어요.

---

01 각 문단의 중심 낱말에 ○표 하세요.

028쪽
029쪽

중심 낱말 찾기

가 문단: 일본의 침략으로 (임진왜란) / 나당 전쟁]이 시작되었다.

나 문단: 조선의 [보병 / (수군)]이 일본군과의 전투에서 승리를 거두었다.

다 문단: 육지에서 다양한 신분의 사람들이 [관군 / (의병)]을 조직해 활약하였다.

라 문단: [원 / (명)]의 군대가 일본군을 막기 위해 참전하였다.

마 문단: 조선이 [병자호란 / (정유재란)]을 막아 내면서 전쟁이 끝났다.

02 다음 내용이 맞으면 ○, 틀리면 ✕에 표시하세요.

내용 이해

① 1592년 일본이 조선을 침략하자 인조는 의주로 피란을 갔다. [○ / (✕)] → 선조

② 임진왜란이 일어나자 고장의 지리에 익숙한 의병들이 일본군에 맞서 싸웠다. [(○) / ✕]

③ 정유재란 당시 전쟁에서 불리해진 일본군은 도요토미 히데요시가 사망하자 조선에서 철수하였다. [(○) / ✕]

03 가~마 문단 중 다음 글과 관련이 있는 문단을 쓰세요.

내용 추론

> 이순신은 한산도에서 학이 날개를 펼친 듯 배를 배치하여 적을 공격하는 학익진 전법을 써서 일본군을 상대로 큰 승리를 거두었다. 이순신과 조선 수군은 조선의 바다를 철통같이 지켰다.

✐ **나 문단**

도움말 | 제시된 글은 한산도 대첩에 대한 설명이에요.

① **피란:** 난리를 피하여 옮겨 감.
② **대비:** 어떠한 일에 대응하기 위하여 미리 준비함.
③ **곡창:** 곡식을 쌓아 두는 창고
④ **의병:** 외적의 침입에 맞서 고장과 나라를 지키고자 스스로 조직한 군대
⑤ **참전:** 전쟁에 참여하는 것
⑥ **연합군:** 전쟁에서 둘 혹은 둘 이상의 국가가 연합하여 구성한 군대
⑦ **휴전:** 전쟁 중인 나라들이 서로 합의하여 전쟁을 얼마 동안 멈추는 일

---

04 다음은 이 글의 구조를 나타낸 것이에요. ㉠에 들어갈 내용으로 알맞은 것은 무엇인가요? [✐ ⑤]

내용 이해

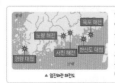

① 삼별초의 항쟁
② 동북 9성의 축조
③ 안시성 싸움의 승리
④ 귀주에서 강감찬의 활약
⑤ 명의 참전과 관군의 활약

도움말 | 임진왜란 초반에는 조선군이 어려움을 겪었으나 조선 수군과 의병의 활약, 명의 참전으로 전세를 바꿀 수 있었어요.

05 이 글의 내용과 일치하는 것은 무엇인가요? [✐ ④]

내용 이해

① 조선은 4군과 6진을 개척하여 영토를 넓혔다.
② 조선은 지리적 이점이 많은 한양을 도읍으로 삼았다.
③ 조선은 세종 대에 문화와 과학 기술이 크게 발전하였다.
④ 조선은 수군과 의병의 활약으로 임진왜란의 위기를 극복하였다.
⑤ 최씨 정권이 수도를 강화도로 옮겨 몽골과의 항전을 준비하였다.

도움말 | 이 글은 임진왜란이 전개되는 과정에서 조선이 전쟁에 어떻게 대응하고 극복하였는지 설명하고 있어요.

06 다음 자료를 토대로 임진왜란 때 조선 수군의 활약이 어떤 의의가 있는지 쓰세요.

내용 추론

임진왜란이 일어나자 조선 수군은 옥포 해전에서 일본군의 배 20여 척을 격침하며 승리를 거두었다. 이순신이 이끈 조선 수군은 판옥선, 거북선과 같은 전선의 장점을 활용한 효과적인 전술을 펼쳐 부산, 한산도 등 여러 곳에서 벌어진 일본군과의 전투에서 모두 승리를 거두었다.

✐ 조선 수군이 일본군에 승리를 거두면서 전라도와 충청도의 곡창 지대를 지킬 수 있었다.

---

01 다음 뜻을 나타내는 낱말에 ○표 하세요.

030쪽
031쪽

① 전쟁에 참여하는 것 [(참전) / 휴전]
② 곡식을 쌓아 두는 창고 [(곡창) / 뒷간]
③ 외적의 침입에 맞서 고장과 나라를 지키고자 스스로 조직한 군대 [용병 / (의병)]

02 다음 빈칸에 들어갈 낱말을 찾아 선으로 이으세요.

① 피란 •
② 휴전 •
③ 연합군 •

• ㉠ 국제 (연합군)이 전쟁에서 승리를 거두면서 전쟁이 끝이 났다.
• ㉡ (피란)을 가는 사람들이 이어지는 가운데 전쟁고아가 생겼다.
• ㉢ 두 나라 간 (휴전) 협정이 맺어졌지만 이후에도 소규모의 전투가 계속되었다.

03 다음 글에서 밑줄 친 낱말과 바꾸어 쓸 수 있는 낱말은 무엇인가요? [✐ ①]

| 소정 | 어떤 일이 일어나기 전에 미리 준비를 한다면 그 일이 닥쳤을 때 잘 대처할 수 있어. |
| 현호 | 맞아. 그렇다면 나는 이번 주에 치를 시험을 준비하기 위해 오늘부터 공부를 해야겠어. |

① 대비 ② 대조 ③ 응대 ④ 채비 ⑤ 처리

032쪽 / 033쪽

글을 읽으면서 중요하다고 생각하는 낱말에 색칠해 보세요.

가 조선에서는 임진왜란이 끝난 뒤 광해군이 왕위에 올라 전쟁의 피해를 ®복구하는 데 힘썼어요. 광해군은 ®성곽과 무기를 수리하고 토지 ®대장과 호적을 정리하여 국가 재정을 늘렸어요. 조선에서 이러한 일들이 벌어지고 있을 무렵 중국에서는 여진이 후금을 세운 후 쇠약해진 명을 침략하였어요. 명은 조선에 군사를 보내 달라고 요청하였어요. 그러자 광해군은 명과 후금 사이에서 국가의 이익을 생각하여 적절히 대처하는 ®중립 외교를 펼쳐 후금과의 충돌을 피하였어요. 서인 세력은 광해군의 외교 정책에 대해 명의 은혜를 저버리는 것이라며 비판하였어요. 이들은 광해군을 쫓아내고 인조를 왕으로 세우는 인조반정을 일으켰어요.

나 정권을 잡은 인조와 서인 세력은 명을 가까이 하고 후금을 멀리하는 친명배금 정책을 펼쳤어요. 이에 반발한 후금이 1627년 조선에 쳐들어왔어요. 이 사건을 정묘호란이라고 한답니다. 후금의 군대가 황해도까지 쳐들어오자 인조는 강화도로 피란하였고 조선의 관군과 의병이 후금에 맞서 싸웠어요. 후금은 명과의 전쟁에 집중하기 위하여 일단 조선과 형제 관계를 맺고 전쟁을 끝냈어요.

다 이후 후금은 조선에 정묘호란 때 맺은 형제 관계를 ®군신 관계로 바꾸자고 요구하였어요. 조선 내에서는 후금과 싸우자는 의견과 외교적으로 해결하자는 의견이 ®대립하였으나 결국 후금과 싸우자는 의견이 힘을 얻어 후금의 요구를 거절하였어요. 후금은 세력을 키워 나라 이름을 청으로 고치고 1636년 조선에 침입하였는데, 이를 병자호란이라고 해요. 전쟁이 일어나자 인조와 신하들은 급히 남한산성으로 피신하였어요. 청군이 남한산성을 포위한 가운데 식량은 부족해졌고 강화도에 피란 간 ®왕족과 신하들까지 청의 포로가 되었어요. 이에 인조는 남한산성에서 나와 삼전도에서 청 태종에게 항복하고 군신 관계를 맺었어요. 이후 조선은 청에 많은 양의 조공을 바쳐야 하였고, 조선의 두 왕자와 신하, 백성이 청에 ®인질로 끌려갔어요.

중심 낱말 찾기

01 각 문단의 중심 낱말에 ○표 하세요.

가 문단: 광해군은 [친명배금 / ⟨중립 외교⟩] 정책을 펼쳤다.

나 문단: 후금이 조선을 침략하면서 [병자호란 / ⟨정묘호란⟩]이 일어났다.

다 문단: 인조는 [충주성 / ⟨남한산성⟩]에서 항전하였으나 결국 청에 항복하였다.

내용 이해

02 광해군에 대한 검색 결과로 알맞지 않은 것은 무엇인가요? [④]

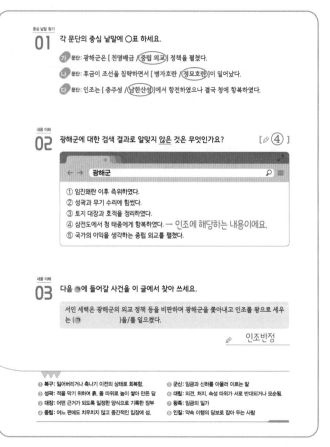

← → 광해군 🔍 ☰

① 임진왜란 이후 즉위하였다.
② 성곽과 무기 수리에 힘썼다.
③ 토지 대장과 호적을 정리하였다.
④ 삼전도에서 청 태종에게 항복하였다. → 인조에 해당하는 내용이에요.
⑤ 국가의 이익을 생각하는 중립 외교를 펼쳤다.

내용 이해

03 다음 ⊙에 들어갈 사건을 이 글에서 찾아 쓰세요.

서인 세력은 광해군의 외교 정책 등을 비판하며 광해군을 쫓아내고 인조를 왕으로 세우는 (⊙   )을/를 일으켰다.

✏️ 인조반정

---

❶ 복구: 잃어버리거나 축나기 이전의 상태로 회복함.
❷ 성곽: 적을 막기 위하여 흙, 돌 따위로 높이 쌓아 만든 담
❸ 대장: 어떤 근거가 되도록 일정한 양식으로 기록한 장부
❹ 중립: 어느 편에도 치우치지 않고 중간적인 입장에 섬.
❺ 군신: 임금과 신하를 아울러 이르는 말
❻ 대립: 의견, 처지, 속성 따위가 서로 반대되거나 모순됨.
❼ 왕족: 임금의 일가
❽ 인질: 약속 이행의 담보로 잡아 두는 사람

034쪽 / 035쪽

내용 이해

04 (가)에 들어갈 내용으로 알맞은 것은 무엇인가요? [①]

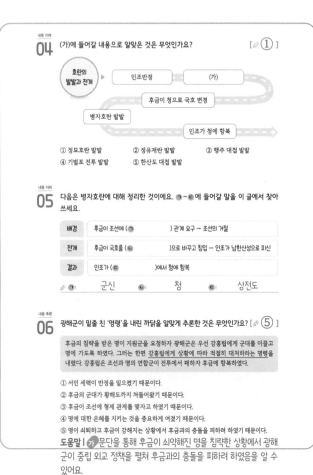

호란의 발발과 전개 ▶ 인조반정 — (가)
후금이 청으로 국호 변경
병자호란 발발
인조가 청에 항복

① 정묘호란 발발
② 정유재란 발발
③ 행주 대첩 발발
④ 기벌포 전투 발발
⑤ 한산도 대첩 발발

내용 이해

05 다음은 병자호란에 대해 정리한 것이에요. ⊙~ⓒ에 들어갈 말을 이 글에서 찾아 쓰세요.

배경	후금이 조선에 (⊙) 관계 요구 - 조선의 거절
전개	후금이 국호를 (ⓛ)으로 바꾸고 침입 - 인조가 남한산성으로 피신
결과	인조가 (ⓒ)에서 청에 항복

✏️ ⊙: 군신   ⓛ: 청   ⓒ: 삼전도

내용 추론

06 광해군이 밑줄 친 '명령'을 내린 까닭을 알맞게 추론한 것은 무엇인가요? [⑤]

후금의 침략을 받은 명이 지원군을 요청하자 광해군은 우선 강홍립에게 군대를 이끌고 명에 가도록 하였다. 그러는 한편 강홍립에게 상황에 따라 적절히 대처하라는 명령을 내렸다. 강홍립은 조선과 명의 연합군이 전투에서 패하자 후금에 항복하였다.

① 서인 세력이 반정을 일으켰기 때문이다.
② 후금의 군대가 황해도까지 쳐들어왔기 때문이다.
③ 후금이 조선에 형제 관계를 맺고자 하였기 때문이다.
④ 명에 대한 은혜를 지키는 것을 중요하게 여겼기 때문이다.
⑤ 명이 쇠퇴하고 후금이 강해지는 상황에서 후금과의 충돌을 피하려 하였기 때문이다.

도움말 | 가 문단을 통해 후금이 쇠약해진 명을 침략한 상황에서 광해군이 중립 외교 정책을 펼쳐 후금과의 충돌을 피하려 하였음을 알 수 있어요.

---

01 다음 뜻을 나타내는 낱말을 쓰세요.

❶ 잃어버리거나 축나기 이전의 상태로 회복함. 복 구

❷ 어느 편에도 치우치지 않고 중간적인 입장에 섬. 중 립

❸ 적을 막기 위하여 흙이나 돌 따위로 높이 쌓아 만든 담 성 곽

02 다음 낱말의 뜻과 그 낱말이 들어갈 문장을 찾아 선으로 이으세요.

① 임금의 일가 — ⊙ 대립 — ⓐ 그는 (왕족)의 후예였다.

② 약속 이행의 담보로 잡아 두는 사람 — ⓛ 왕족 — ⓑ 강도가 시민을 (인질)(으)로 삼았다.

③ 의견이나 처지 등이 서로 반대되거나 모순됨. — ⓒ 인질 — ⓒ 회사와 노동자 간 (대립)이 심하였다.

03 다음 글의 밑줄 친 '대장'과 같은 뜻으로 사용된 문장은 무엇인가요? [④]

무기의 출입을 기록하는 대장을 작성하여 무기 관리에 힘썼다.

① 탐험대의 대장이 앞장서 대원들을 이끌었다.
② 나는 어린 시절 동네에서 대장 노릇을 하였다.
③ 조선 총독은 현역 육해군 대장 가운데 임명되었다.
④ 그의 주 업무는 물품과 물품 대장을 맞추어 확인하는 것이었다.
⑤ 대장이 건강하려면 식이섬유와 유산균이 풍부한 음식을 먹어야 한다.

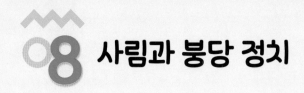

08 사림과 붕당 정치

글을 읽으면서 중요하다고 생각하는 낱말에 색칠해 보세요.

가 조선 건국에 앞장선 사대부 중 세조가 왕이 되는 데 공을 세운 이들이 중심이 되어 훈구라는 세력을 이루었어요. 훈구는 대를 이어 권력을 차지하면서 왕권을 ⁰제약하였어요. 반면, 조선 건국에 참여하지 않고 지방에서 학문 연구에 힘쓴 사대부의 제자들은 사림을 형성하였어요. 성종은 훈구가 지나치게 커지자 이들을 견제하기 위해 사림을 등용하였어요. 사림은 훈구 세력의 ⁰부정한 행위를 비판하였고 이로 인해 사림과 훈구 간 갈등이 커졌어요.

나 성종의 뒤를 이어 왕이 된 연산군은 사림을 탄압하였어요. 이 과정에서 사림이 큰 피해를 입은 사건인 사화가 발생하였고 중종과 명종 때에도 사화가 일어났어요. 총 네 차례의 큰 사화로 많은 사림들이 큰 피해를 입었어요. 사화로 피해를 입은 사림들은 ⁰향촌에서 꾸준히 세력을 키워 나갔어요. 사림은 ⁰덕망 높은 유학자를 제사 지내고 성리학을 연구하는 기관인 서원을 지방 곳곳에 세웠어요. 또한 향촌의 ⁰규약인 향약을 만들어 성리학 질서에 따라 향촌 사회를 운영하였어요. 이를 바탕으로 사림은 향촌에서 영향력을 넓혀 나갔어요.

다 선조 때에 정치의 주도권을 잡은 사림은 훈구에 대한 처리를 둘러싸고 두 세력으로 나뉘어 대립하였어요. 이 갈등은 이조 전랑이라는 관직에 어떤 인물이 오를 것인지를 두고 더욱 심해져 사림들은 ⑤ 동인과 서인으로 나뉘어 붕당을 형성하였어요. 이후 동인에서 나뉜 북인은 광해군의 정치를 도우며 정권을 장악하였지만 서인이 주도한 인조반정으로 ⁰몰락하였어요. 이후 붕당 정치는 서인이 남인과 연합하는 형태로 운영되었어요. 서인과 남인은 상대 붕당을 존중하면서 비판과 견제를 통해 정치를 이끌어 갔어요. 그러나 현종 때 왕실 내에서 상복을 입는 기간을 놓고 서인과 남인이 대립하는 ⁰예송이 일어나면서 붕당 간 갈등이 깊어졌어요. 붕당 정치는 숙종이 집권 붕당을 여러 차례 급격히 바꾸면서 그 성격이 크게 변하게 되었어요.

중심 낱말 찾기

01 각 문단의 중심 낱말을 찾아 쓰세요.

가 문단: 훈구와 <u>사 림</u> 의 형성과 갈등

나 문단: 서원과 <u>향 약</u> 에 기반한 사림의 성장

다 문단: 사림 내 갈등과 <u>붕 당</u> 의 형성

036쪽 037쪽

내용 이해

02 다음 특징을 지닌 세력에 ○표 하세요.

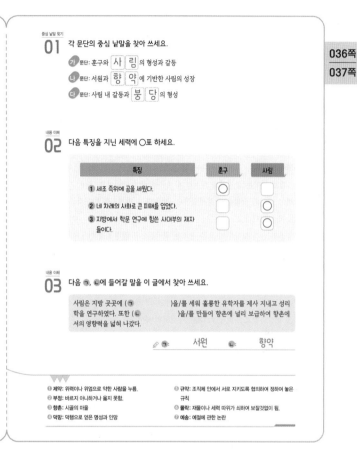

특징	훈구	사림
① 세조 즉위에 공을 세웠다.	○	
② 네 차례의 사화로 큰 피해를 입었다.		○
③ 지방에서 학문 연구에 힘쓴 사대부의 제자들이다.		○

내용 이해

03 다음 ⑤, ⓒ에 들어갈 말을 이 글에서 찾아 쓰세요.

사림은 지방 곳곳에 (⑤   )을/를 세워 훌륭한 유학자를 제사 지내고 성리학을 연구하였다. 또한 (ⓒ   )서의 영향력을 넓혀 나갔다.

✏ ⑤ 서원   ⓒ 향약

⁰ **제약:** 위력이나 위엄으로 약한 사람을 누름.
⁰ **부정:** 바르지 아니하거나 옳지 못함.
⁰ **향촌:** 시골의 마을
⁰ **덕망:** 덕행으로 얻은 명성과 인망

⁰ **규약:** 조직체 안에서 서로 지키도록 협의하여 정하여 놓은 규칙
⁰ **몰락:** 재물이나 세력 따위가 쇠하여 보잘것없이 됨.
⁰ **예송:** 예절에 관한 논란

내용 이해

04 ⑤과 같은 상황이 나타나게 된 원인으로 알맞은 것은 무엇인가요? [✏ ③]

① 중종 때 사화가 발생하였다.
② 연산군이 사림을 탄압하였다.
③ 이조 전랑의 관직을 두고 사림이 대립하였다.
④ 숙종이 여러 차례 집권 붕당을 급격히 바꾸었다.
⑤ 왕실 내 상복을 입는 기간을 놓고 예송이 일어났다.

도움말 | 사림은 이조 전랑의 자리를 놓고 다투었고 결국 동인과 서인으로 나뉘었어요.

내용 이해

05 다음 내용이 맞으면 ○, 틀리면 ✕에 표시하세요.

① 서인과 남인은 상대 붕당을 존중하면서 비판과 견제로 정치를 이끌어 나갔다. [○ / ✕]

② 인조반정으로 서인이 몰락하자 이후 붕당 정치는 북인이 남인과 연합하는 형태로 운영되었다. [○ / ✕] └북인 └서인

내용 추론

06 다음 대화의 (가)에 들어갈 알맞은 내용을 쓰세요.

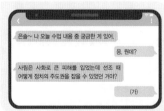

은솔~ 나 오늘 수업 내용 중 궁금한 게 있어.

응. 뭔데?

사림은 사화로 큰 피해를 입었는데 선조 때 어떻게 정치의 주도권을 잡을 수 있었던 거야?

(가)

✏ 지방 곳곳에 서원을 세우고 향약을 만들어 향촌을 운영하면서 향촌에서 영향력을 넓혀 나갔기 때문이야.

01 다음 낱말의 뜻을 찾아 선으로 이으세요.

① 규약 — ⓒ 조직체 안에서 서로 지키도록 협의하여 정하여 놓은 규칙

② 덕망 — ⓐ 시골의 마을 ... ⓑ 덕행으로 얻은 명성과 인망

③ 향촌 — ⓐ 시골의 마을

038쪽 039쪽

02 다음 문장의 빈칸에 들어갈 낱말을 보기에서 찾아 쓰세요.

보기

부정   연합   제약

① 정권의 (부정)과 부패가 극심하였다.

② 강자가 약자를 힘으로 (제약)하는 일이 빈번하였다.

③ 위협을 느낀 백제와 신라는 (연합)하여 고구려에 대항하였다.

03 다음 글에서 밑줄 친 낱말과 바꾸어 쓸 수 있는 낱말은 무엇인가요? [✏ ①]

우리 집은 장안에서 알아주는 부잣집이었기 때문에 나는 경제적인 어려움 없이 자랐다. 그러나 거듭되는 아버지의 사업 실패로 집안이 <u>망하면서</u> 끼니를 잇는 것을 걱정할 처지에 이르렀다.

① 몰락하면서   ② 번성하면서   ③ 번영하면서
④ 융성하면서   ⑤ 창성하면서

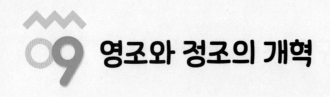
040쪽
041쪽

글을 읽으면서 중요하다고 생각하는 낱말에 색칠해 보세요.

가 조선에서는 숙종 때부터 권력을 차지한 붕당이 상대 붕당에 ⁰앙갚음을 하면서 붕당 간의 다툼이 자주 일어나고 정치가 혼란해졌어요. 이러한 붕당 정치의 폐단을 직접 겪은 영조는 붕당의 대립을 줄이고 왕권을 강화하려 하였어요. 이에 ㉠ 어느 한 세력에 치우지지 않고 ^②공정하게 인재를 뽑아 나라를 다스리는 ^③탕평책을 시행하였어요. 또한 붕당의 기반이었던 서원을 대폭 정리하였어요. 영조는 탕평책으로 혼란한 정치를 어느 정도 안정시켰으나, 붕당 간의 갈등을 근본적으로 해결하지는 못하였어요. 한편, 영조는 군대에 직접 가는 대신 내던 ^④군포를 1년에 2필 내던 것에서 1필로 줄이는 균역법을 실시하여 세금을 줄여 주었어요. 또한 가혹한 ^⑤형벌을 금지하여 백성의 생활을 안정시켰어요. 많은 책을 편찬하여 학문과 제도 정비에 힘쓰기도 하였답니다.

나 영조의 손자로 왕위에 오른 정조는 적극적으로 탕평책을 시행하여 붕당에 관계없이 능력이 있는 사람을 관리로 뽑았어요. 정조는 왕실 도서관인 규장각을 설치하여 이곳에서 젊은 관리들에게 여러 학문을 연구하게 하였고 이들을 개혁 정치를 뒷받침할 인재로 삼았어요. 또한 국왕을 ^⑥호위하는 부대인 장용영을 설치하여 왕권을 뒷받침하도록 하였어요. 정조는 상인들이 좀 더 자유롭게 물건을 팔 수 있도록 상업 활동을 보장하였고 노비의 처지를 ^⑦개선하려 하였어요.

다 정조는 새로운 정치를 실현하고자 수원에 화성을 건설하였어요. 정조는 이곳을 정치적, 군사적, 상업적 기능을 갖춘 도시로 발전시키려고 하였어요. 수원 화성은 조선의 새로운 과학 기술과 지식을 활용하여 건설되었어요. 무거운 물체를 옮기는 장치인 거중기와 녹로 등을 사용하여 공사 기간을 ^⑧단축한 것이지요. 수원 화성은 정조 시기의 우수한 과학 기술뿐만 아니라 건축 양식의 독창성 또한 인정받아 유네스코 세계 문화유산으로 등재되었어요.

중심 낱말 찾기

01 각 문단의 중심 낱말에 ◯표 하세요.

가 문단: 영조는 공정하게 인재를 뽑는 [균역법 /(탕평책)]을 시행하였다.

나 문단: 정조는 [(규장각)/ 집현전]을 설치하여 개혁 정치를 뒷받침할 젊은 관리를 길러 냈다.

다 문단: 정조는 새로운 정치를 실현하고자 [남한산성 /(수원 화성)]을 건설하였다.

내용 이해

02 영조가 ㉠의 정책을 펼친 이유를 이 글에서 찾아 쓰세요.

✎ 영조는 붕당의 대립을 줄이고 왕권을 강화하려 하였다.

내용 이해

03 영조가 펼친 정책으로 알맞은 것에 ◯표 하세요.

서원 정리 ◯	균역법 실시 ◯
장용영 설치 ☐	
탕평책 시행 ◯	수원 화성 건설 ☐

도움말 | 가 문단을 통해 영조가 탕평책을 시행하고, 서원을 대폭 정리하였으며, 균역법을 실시하여 세금을 줄여 주었음을 알 수 있어요.

① 앙갚음: 남이 저에게 해를 준 대로 저도 그에게 해를 줌.
② 공정: 공평하고 올바름.
③ 탕평: 어느 한쪽에 치우치지 않고 공평함.
④ 군포: 조선 시대에 병역을 면제하여 주는 대신에 받아이던 베
⑤ 형벌: 범죄에 대한 법률의 효과로서 국가 따위가 범죄자에게 제재를 가함.
⑥ 호위: 따라다니며 곁에서 보호하고 지킴.
⑦ 개선: 잘못된 것이나 부족한 것 등을 고쳐 더 좋게 만듦.
⑧ 단축: 시간이나 거리 따위가 짧게 줄어듦.

042쪽
043쪽

내용 이해

04 다음 ㉠, ㉡에 들어갈 말을 이 글에서 찾아 쓰세요.

(㉠)은/는 규장각을 설치하여 젊은 관리들을 육성하였고, 국왕의 호위 부대인 (㉡)을/를 설치하여 왕권을 뒷받침하는 군사 기반으로 삼았다.

✎ ㉠ 정조 ㉡ 장용영

내용 이해

05 수원 화성에 대해 잘못 말한 어린이는 누구인지 쓰세요.

보람 공사 과정에서 거중기와 녹로를 사용하였어.
성빈 가치를 인정받아 유네스코 세계 문화유산으로 등재되었어.
하람 영조가 정치적, 군사적, 상업적 기능을 갖춘 도시로 발전시키려고 하였어.

✎ 하람

도움말 | 다 문단을 통해 수원 화성은 정조가 새로운 정치를 실현하고자 세웠음을 알 수 있어요.

내용 이해

06 다음 내용이 맞으면 ◯, 틀리면 ✕에 표시하세요.

① 정조는 상인들이 좀 더 자유롭게 물건을 팔 수 있도록 해 주었다. [◯/ ✕]

② 균역법이 실시되면서 백성은 군포를 1년에 1필 내던 것에서 2필로 늘려 내야 하였다. [◯ /⊗]

도움말 | 균역법은 1년에 군포를 2필 내던 것을 1필로 줄여 준 제도예요.

내용 추론

07 이 글을 읽은 어린이가 다음 자료를 보고 말한 내용으로 알맞은 것은 무엇인가요? [✎④]

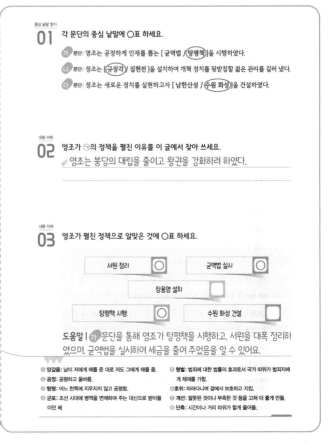

"두루 사귀면서 편을 가르지 않는 것이 군자의 공정한 마음이요, 편을 가르고 두루 사귀지 않는 것은 소인의 사사로운 마음이다."

▲ 영조가 남긴 탕평비

① 규장각의 설치 의지를 밝히고 있어.
② 영조는 집권 붕당을 급격히 바꾸었어.
③ 수원 화성을 세운 목적이 드러나 있어.
④ 영조는 붕당 정치의 폐단을 해결하고자 하였어.
⑤ 영조 즉위 당시 비판과 견제를 바탕으로 붕당 정치가 잘 행해졌어.

---

01 다음 뜻을 나타내는 낱말을 쓰세요.

① 시간이나 거리 따위가 짧게 줄어듦. 단 축

② 남이 저에게 해를 준 대로 저도 그에게 해를 줌. 앙 갚 음

③ 죄에 대한 법률의 효과로서 국가 따위가 범죄자에게 제재를 가함. 형 벌

02 다음 빈칸에 들어갈 낱말을 오른쪽 상자에서 찾아 쓰세요.

① 대통령은 경호원의 호 위 를 받으며 해외로 출국하였다. *따라다니며 곁에서 보호하고 지킴.
호 포 위 시

② 노동자들은 열악한 노동 환경을 개 선 하기 위해 노력하였다. *잘못된 것이나 부족한 것을 고쳐 더 좋게 만듦.
악 조 선 개

③ 조선 후기에는 어린아이와 죽은 사람에게도 군 포 를 거두는 일이 일어났다. *조선 시대에 병역을 면제하여 주는 대신으로 받아이던 베
대 포 군 사

03 다음 글의 밑줄 친 '공정'과 같은 뜻으로 사용된 문장은 무엇인가요? [✎②]

기자에게 공정한 보도를 해 달라고 요청하였다.

① 건물 공사가 거의 막바지 공정을 보이고 있다.
② 수많은 시민이 선거를 공정하게 치를 것을 주장하였다.
③ 누가 옳은지 공정에서 법률에 따라 판단하기로 하였다.
④ 공장의 생산물을 늘리기 위해 모든 공정을 자동화해야 한다.
⑤ 그 집 공정은 사람이 방문하지 않아 먼지만이 소복이 쌓여 있었다.

10 조선 후기 사회 변화와 실학

글을 읽으면서 중요하다고 생각하는 낱말에 색칠해 보세요.

가 조선 후기에는 경제적으로 큰 변화가 나타났어요. 논농사에서 °모내기법이 전국적으로 보급되면서 잡초를 뽑는 데 드는 일손을 덜게 되었고, °이모작이 가능해져 농업 생산량이 크게 늘어났어요. 이에 일부 농민은 경작지를 늘려 부유한 농민으로 성장한 반면 많은 농민은 머슴이 되거나 도시로 떠나야만 하였어요. 이 시기 상업도 활발해져 전국에 °장시가 들어섰고 대상인들이 나타났어요. 수공업의 발달로 장인들이 자유롭게 물품을 만들어 장시에 내다 팔기도 하였지요.

나 이 시기에는 양반 중심의 신분제가 크게 흔들렸어요. 적은 수의 양반이 권력을 차지하면서 향촌에서 겨우 위신만 유지하거나 몰락한 양반이 생겼어요. 한편, 부유해진 일부 농민과 상인은 정부가 돈이나 곡식을 받고 °발행한 관직 임명장인 공명첩을 사서 양반이 되었어요. 또한 호적과 족보를 고치기도 하였어요. 노비도 정부에 곡식을 내거나 °군공을 세워 신분을 상승하였고, 도망하여 노비 신분을 벗기도 하였어요. 그 결과 양반 수가 늘고 상민, 천민 수가 줄었어요.

다 조선 후기의 경제적·사회적 변화로 나타난 여러 문제에 대해 당시 학문은 제대로 대응하지 못하였어요. 이에 현실 문제에 관심을 두고 학문 연구의 결과를 실생활에 활용하여 현실 문제를 해결하려는 학문인 실학이 등장하였어요. 실학자 중 유형원, 이익, 정약용 등은 토지 제도를 바꾸는 것에 관심을 가지고 농업 중심의 개혁론을 내세웠어요. 유수원, 홍대용, 박지원, 박제가 등은 청의 문물을 받아들일 것을 주장하며 상공업 중심의 개혁론을 펼쳤어요. 실학을 °집대성한 정약용은 수원 화성을 설계하고 거중기를 만들었어요. °유배를 갔을 때 지방 관리의 도리를 설명한 『목민심서』라는 책을 펴내기도 하였지요. 실학자들은 우리의 역사, 지리, 언어를 중요하게 여겼어요. 이 시기에 김정호는 산맥, 하천, 도로망 등을 자세히 표기한 우리나라 전도인 『대동여지도』를 만들었어요.

중심 낱말 찾기

01 각 문단의 중심 낱말에 ○표 하세요.

가 문단: 조선 후기에는 [과전법 / ⓞ모내기법]이 전국적으로 보급되었다.

나 문단: 조선 후기에는 [ⓞ양반 / 왕족] 중심의 신분제가 흔들려 양반 수가 늘고 상민, 천민 수가 줄었다.

다 문단: 조선 후기에는 현실 문제에 관심을 두는 [ⓞ실학 / 성리학]이 등장하였다.

044쪽
045쪽

내용 이해

02 조선 후기의 경제적 변화가 맞으면 ○, 틀리면 X에 표시하세요.

❶ 장인들이 자유롭게 물품을 만들어 장시에 내다 팔았다. [ⓞ○ / X]

❷ 일부 농민이 경작지를 늘려 부유한 농민으로 성장하였다. [ⓞ○ / X]

❸ 모내기법이 실시되면서 잡초를 뽑는 데 드는 일손이 늘어났다. [○ / ⓧX]

도움말 | 모내기법의 실시로 잡초를 뽑는 데 드는 일손을 덜게 되었어요.

내용 이해

03 이 글의 내용과 일치하지 <u>않는</u> 것은 무엇인가요? [✎ ②]

① 조선 후기에 대상인들이 나타났다.
② 조선 후기에는 양반의 수가 줄었다.
③ 조선 후기에 이모작이 가능해지면서 농업 생산량이 늘었다.
④ 조선 후기에 노비는 군공을 세워 신분을 상승하기도 하였다.
⑤ 공명첩은 조선 정부가 돈이나 곡식을 받고 발행한 관직 임명장이다.

도움말 | ② **나** 문단을 보면 조선 후기에 양반의 수가 늘어났다는 것을 알 수 있어요.

---

❶ **모내기법:** 모판에 모를 미리 길러서 논에 옮겨 심는 농사 방법
❷ **이모작:** 같은 땅에서 1년에 종류가 다른 농작물을 두 번 심어 거둠.
❸ **장시:** 보통 5일마다 열리던 사설 시장
❹ **발행:** 화폐, 증권, 증명서 따위를 만들어 세상에 내놓아 널리 쓰도록 함.
❺ **군공:** 군사상의 공
❻ **집대성:** 여러 가지를 모아 하나의 체계를 이루어 완성함.
❼ **유배:** 죄인을 먼 곳으로 귀양 보내던 일

내용 이해

04 조선 후기에 나타난 신분제의 변화에 대해 바르게 말한 어린이는 누구인지 쓰세요.

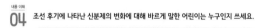

경희	부유해진 농민과 상인이 나타났어.
수찬	노비들은 신분을 상승할 방법이 없었어.
해민	양반을 중심으로 한 신분제가 확립되었어.

✎ 경희

도움말 | 노비들은 정부에 곡식을 내거나 군공을 세워 신분을 상승하였고, 양반 중심의 신분제가 크게 흔들렸어요.

내용 이해

05 다음 ㉠, ㉡에 들어갈 내용을 이 글에서 찾아 쓰세요.

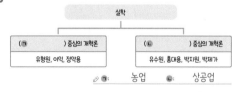

실학
(㉠) 중심의 개혁론 — 유형원, 이익, 정약용
(㉡) 중심의 개혁론 — 유수원, 홍대용, 박지원, 박제가

✎ ㉠: 농업   ㉡: 상공업

내용 추론

06 조선 후기에 살았던 사람의 생활을 쓴 내용 중 알맞지 않은 것을 골라 기호를 쓰세요.

오늘 논에 나가 ㉠모내기한 벼가 잘 자라는지 살펴보고 잡초를 뽑고 왔다. 집에 돌아오니 행랑 앞에서 아낙들이 ㉡정부가 장시를 금지하여 불편하다는 둥, 옆 마을 김씨가 ㉢공명첩을 사서 양반 신분을 얻었다는 둥 여러 이야기를 나누고 있었다. 그때 주인어른께서 ㉣정약용 선생이 쓴 『목민심서』가 안 보이니 찾아보라 하셨다.

✎ ㉡

도움말 | ㉡ 조선 후기에는 상업이 발달하면서 지방 곳곳에 장시가 많이 들어섰어요.

---

01 다음 낱말의 뜻을 찾아 선으로 이으세요.

① 군공 ——— ㉠ 군사상의 공

② 집대성 ——— ㉡ 여러 가지를 모아 하나의 체계를 이루어 완성함.

③ 모내기법 ——— ㉢ 모판에 모를 미리 길러서 논에 옮겨 심는 농사 방법

046쪽
047쪽

02 다음 밑줄 친 낱말의 뜻을 **보기**에서 찾아 기호를 쓰세요.

보기
㉠ 보통 5일마다 열리던 사설 시장
㉡ 같은 땅에서 1년에 종류가 다른 농작물을 두 번 심어 거둠.
㉢ 화폐, 증권, 증명서 따위를 만들어 세상에 내놓아 널리 쓰도록 함.

❶ 지방의 <u>장시</u>는 상품을 사고파는 장소였다. (㉠)

❷ 중국의 화남 지방은 <u>이모작</u>이 가능해 농업 생산량이 많은 지역이다. (㉡)

❸ 대한민국 임시 정부는 독립운동에 필요한 돈을 마련하기 위해 독립 공채를 <u>발행</u>하였다. (㉢)

03 다음 밑줄 친 내용과 바꾸어 쓸 수 있는 낱말은 무엇인가요? [✎ ①]

1900년대 초 최익현은 의병을 일으켜 전라북도 각지를 장악하였으나 정부군의 공격을 받고 패배하였다. 이후 최익현은 일제에 의해 재판을 받고 쓰시마섬에 <u>보내져</u> 그곳에 거주하며 생을 마감하였다.

① 유배되어   ② 출강하여   ③ 특파되어
④ 파견되어   ⑤ 파병되어

048쪽
049쪽

글을 읽으면서 중요하다고 생각하는 낱말에 색칠해 보세요.

가 조선 후기에는 농업과 상공업이 발달하면서 경제적으로 ❶여유가 생긴 ❸서민들이 생겨났어요. 이 시기 ❺서당이 널리 보급되고 한글 사용이 늘어나면서 서민들의 의식도 성장하였어요. 서민들은 점차 예술 활동에 관심을 기울이기 시작하였어요. 이로 인해 조선 후기에는 양반뿐만 아니라 서민도 참여할 수 있는 문화가 발달하였는데 이를 서민 문화라고 불러요.

나 문학에서는 한글 소설이 유행하였어요. 한글 소설은 평범한 인물이 주인공으로 등장하여 양반 사회를 비판하거나 서민의 감정을 솔직하게 표현하는 내용이 많았어요. 대표적인 한글 소설로 ㉠『홍길동전』, 『춘향전』, 『심청전』, 『흥부전』 등이 있었어요. 한글 소설이 인기를 끌면서 돈을 받고 책을 읽어 주는 전기수라는 직업이 생기기도 하였어요. 또한 이 시기에는 형식에 얽매이지 않는 사설시조가 유행하였는데, 서민들의 솔직하고 소박한 감정을 자유롭게 표현한 작품이 많았어요.

다 그림에서는 당시 사람들의 생활 모습을 담은 풍속화가 유행하였어요. 대표적인 풍속화가인 김홍도는 백성의 일상생활을 ❷익살스럽게 그렸고, 신윤복은 주로 양반과 여성의 생활 모습을 표현하였어요. 대체로 작가가 알려지지 않은 그림인 민화도 사랑을 받았어요. 당시 사람들은 민화에 동물, 꽃, 문자 등을 그려 넣으며 복을 바랐어요. 민화는 주로 생활 공간을 장식하는 데 이용되었지요.

라 공연 예술에서는 판소리가 인기를 끌었어요. 판소리는 소리꾼이 북 장단에 맞추어 이야기를 노래와 말로 들려주는 공연이에요. 판소리는 ❹관객도 함께 참여할 수 있기 때문에 서민들의 큰 ❺호응을 얻었고 양반들도 즐기는 문화로 발전하였답니다. 조선 후기에는 얼굴에 탈을 쓰고 하는 연극인 탈놀이도 유행하였어요. 탈놀이는 백성의 생각이나 감정을 솔직하게 표현하고 양반 사회를 비판하는 내용이 많았어요. 이러한 공연은 주로 사람들이 많이 모이는 지방 장시나 ❻포구 등에서 행해졌어요.

중심 낱말 찾기
01 다음 빈칸에 공통으로 들어갈 낱말을 이 글에서 찾아 쓰세요.

조선 후기에는 농업과 상공업이 발달하면서 서|민 의 경제력이 높아졌고, 서당이 보급되면서 서|민 의식도 성장하였어요. 그리하여 서|민 들이 문화의 주인공으로 참여하는 서|민 문화가 발달하였어요.

✎ 서민

내용 이해
02 ㉠에 대한 설명으로 알맞지 않은 것은 무엇인가요? [✎ ②]

① 조선 후기에 유행하였다.
② 한문으로 쓰인 소설이다. → ㉠은 한글 소설에 해당해요.
③ 주로 평범한 인물이 주인공으로 등장하였다.
④ 조선 후기에는 전기수가 이러한 작품을 읽어 주었다.
⑤ 양반 사회를 비판하거나 서민의 감정을 드러낸 내용이 많았다.

내용 이해
03 가 ~ 라 문단 중 다음 자료와 관련된 문단의 기호를 쓰세요.

▲ 김홍도의 「서당」   ▲ 신윤복의 「단오풍정」

✎ 다 문단

도움말 | 김홍도와 신윤복은 조선 후기의 대표적인 풍속화가들이에요.

❶ **여유**: 물질적·공간적·시간적으로 넉넉하여 남음이 있는 상태
❷ **익살**: 남을 웃기려고 일부러 하는 말이나 몸짓
❸ **서민**: 벼슬이나 신분적 특권을 갖지 못한 보통 사람
❹ **관객**: 운동 경기, 공연, 영화 따위를 보거나 듣는 사람
❺ **서당**: 조선 시대에 있었던 초등 교육 기관
❺ **호응**: 부름이나 호소 따위에 대답하거나 응함.
❻ **포구**: 강이나 바닷가에 배가 드나드는 어귀

050쪽
051쪽

내용 이해
04 다음 ㉠, ㉡에 들어갈 내용을 이 글에서 찾아 쓰세요.

조선 후기에는 당시 사람들의 생활 모습을 생동감 있게 그린 (㉠   )이/가 유행하였다. 당시 사람들은 동물, 꽃, 문자 등을 소재로 삼아 (㉡   )을/를 그렸는데, 복을 바라는 서민의 정서가 담긴 작품이 많으며 주로 생활 공간을 장식하는 데 이용되었다.

✎ ㉠ 풍속화   ㉡ 민화

내용 이해
05 다음 퀴즈 내용이 맞으면 ◯, 틀리면 ×에 표시하세요.

전기수는 돈을 받고 책을 읽어 주는 사람이에요.

Quiz 1	전기수는 판소리의 소리꾼이다?	◯ ⨯
Quiz 2	판소리는 양반에게도 호응을 얻었다?	◯ ⨯
Quiz 3	민화는 주로 도화서 화원들이 그렸다?	◯ ⨯
Quiz 4	탈놀이는 얼굴에 탈을 쓰고 하는 연극이다?	◯ ⨯

민화는 대체로 작가가 알려지지 않았어요.

내용 추론
06 조선 후기에 다음과 같은 작품이 유행한 배경을 바르게 말한 어린이는 누구인지 쓰세요.

"평생 서럽기를 아버지를 아버지라고 부르지 못하고, 형을 형이라고 못하여 모두가 천하게 보고, 친척도 아무개의 천한 소생이라 이르오니 이런 원통한 일이 어디에 있습니까?"
길동은 한갓 눈물을 흘릴 뿐이었다.
－「홍길동전」

누리 노비 제도가 법적으로 폐지되었어.
아정 글을 읽고 쓸 수 있는 서민들이 늘어났어.
현석 양반을 중심으로 문예 활동이 활발히 이루어졌어.

✎ 아정

도움말 | 조선 후기에 서당 보급과 한글 사용의 증가로 서민 문화가 발달하면서 한글 소설이 유행하였어요.

---

01 다음 뜻을 나타내는 낱말에 ◯표 하세요.

❶ 강이나 바닷가에 배가 드나드는 어귀 [포구/ 해저]
❷ 남을 웃기려고 일부러 하는 말이나 몸짓 [익살/ 풍자]
❸ 벼슬이나 신분적 특권을 갖지 못한 보통 사람 [서민/ 자유민]

02 다음 빈칸에 들어갈 낱말을 오른쪽 상자에서 찾아 쓰세요.

❶ '서|당 개 삼 년에 풍월을 읊는다.'라는 옛 속담이 있다. *조선 시대에 있었던 초등 교육 기관

❷ 농촌에 농기계가 보|급 되면서 농업 생산량이 크게 늘어났다. *널리 펴서 많은 사람들에게 골고루 미치게 하여 누리게 함.

❸ 그는 여|유 시간에 책을 읽고 글을 쓰는 등 취미 생활을 하였다. *물질적·공간적·시간적으로 넉넉하여 남음이 있는 상태

재	판	서	당
가	족	구	성
여	성	문	화
유	기	명	창
국	보	급	문

03 다음 대화의 ㉠, ㉡에 들어갈 낱말을 옳게 연결한 것은 무엇인가요? [✎ ②]

주말에 연극 공연을 했는데 공연을 보는 (㉠   )이/가 엄청나게 많았어.

와, 공연할 때 많은 사람이 (㉡   )해 주면 정말 신나겠다!

	㉠	㉡
①	관객	호령
②	관객	호응
③	관객	호통
④	주인공	호응
⑤	주인공	호통

12 세도 정치 시기의 사회 혼란

글을 읽으면서 중요하다고 생각하는 낱말에 색칠해 보세요.

가 조선에서는 정조가 갑자기 죽고 나이 어린 순조가 왕이 되면서 왕실과 혼인한 외척 가문이 나라의 권력을 잡는 ①세도 정치가 나타났어요. 세도 가문이 높은 벼슬을 차지하고 ②군영의 지휘권을 장악하면서 왕권이 약해졌어요. 관직을 사고파는 일도 흔하게 일어났지요. 일부 관리들은 세도 가문에 바칠 ③뇌물을 마련하거나 재산을 늘리기 위해 세금을 마음대로 거두었어요.

나 세도 정치 시기 관리들의 ④부정부패로 백성의 생활은 매우 어려웠어요. 자연재해와 전염병이 빈번한데도 농민들은 여러 세금을 계속해서 내야만 하였어요. 당시 세금에는 토지를 대상으로 한 전정, 군포는 거두는 군정, 봄에 곡식을 빌려주었다가 이자를 붙여 가을에 갚는 환곡의 삼정이 있었어요. 부패한 관리들은 여러 구실을 붙여 정해진 양 이상의 세금을 거두었고, 죽은 사람이나 어린아이에게도 군포를 징수하였어요. 필요하지 않은 사람에게 억지로 곡식을 빌려준 뒤 갚게 하기도 했지요. 삼정의 ⑤문란은 백성을 몹시 괴롭혔어요.

다 지배층의 수탈로 고통 받던 농민들은 세금 내는 것을 ⑥거부하거나 지방 관리의 ⑦비리를 고발하기도 하였어요. 이러한 저항은 점차 큰 규모의 봉기로 발전하였어요. 1811년 평안도 가산에서는 홍경래의 난이 일어났어요. 평안도는 상공업이 크게 발달한 지역이었으나 세도 정권의 수탈이 매우 심하였고 평안도민은 차별을 받았어요. 이에 불만을 품은 홍경래 등 몰락 양반과 신흥 상공업자들이 농민, 광산 노동자, ⑧품팔이꾼 등을 모아 봉기를 일으킨 것이지요. 홍경래의 난은 실패하였지만 이후 일어난 농민 봉기에 큰 영향을 주었어요. 1862년에는 진주의 농민들이 관리의 수탈에 저항하여 몰락 양반 유계춘을 중심으로 봉기하였어요. 진주 농민 봉기는 곧 이웃 마을로 퍼져 전국적으로 확산되었는데 이를 임술 농민 봉기라고 해요. 정부는 봉기를 수습하고 삼정의 문란을 바로잡으려 하였으나 큰 성과를 거두지는 못하였어요.

① 세도: 정치상의 권세 또는 그 권세를 마구 휘두르는 일
② 군영: 군대가 주둔하는 곳
③ 뇌물: 어떤 직위에 있는 사람을 자기편으로 만들어 이용하기 위하여 넌지시 건네는 부정한 돈이나 물건
④ 부정부패: 바르지 못하고 타락함.
⑤ 문란: 도덕, 질서, 규범 따위가 어지러움.
⑥ 거부: 요구나 제의 따위를 받아들이지 않고 물리침.
⑦ 비리: 올바른 이치나 도리에서 어그러짐.
⑧ 품팔이꾼: 품삯을 받고 남의 일을 해 주면서 살아가는 사람

052쪽 053쪽

중심 낱말 찾기
01 각 문단의 중심 낱말에 ○표 하세요.

가 문단: 나이 어린 순조가 왕이 되면서 [붕당 정치 / (세도 정치)]가 나타났다.

나 문단: 세도 정치 시기 [(삼정)/ 실학]의 문란으로 백성들이 고통을 받았다.

다 문단: 1811년 평안도 가산에서는 [(홍경래의 난)/ 임술 농민 봉기]이/가 일어났다.

내용 이해
02 세도 정치 시기의 모습이 맞으면 ○, 틀리면 ×에 표시하세요.

1 관직을 사고파는 일이 흔하게 일어났다. [(○)/ ×]
2 죽은 사람이나 어린아이에게 군포를 징수하기도 하였다. [(○)/ ×]
3 강력한 왕권으로 붕당 간의 대립을 누르면서 정치가 안정되었다. [○/(×)]
4 일부 관리들이 세도 가문에 바칠 뇌물을 마련하기 위해 백성에게 세금을 마음대로 거두었다. [(○)/ ×]

> 영조와 정조 때 탕평책을 펼치면서 나타났던 모습이에요.

내용 이해
03 조선 시대의 삼정에 해당하는 것에 ○표 하세요.

☐ 공물   ○ 군정   ☐ 음서
○ 전정   ○ 환곡   ☐ 공음전

도움말 | 나 문단을 통해 전정, 군정, 환곡을 삼정이라고 하였음을 알 수 있어요.

내용 이해
04 홍경래의 난이 일어난 이유로 알맞은 것을 두 가지 고르세요. [✎ ①, ④]

① 평안도민이 차별을 받았다.
② 정부가 삼정의 문란을 바로잡으려 하였다.
③ 네 차례의 사화로 사림이 큰 피해를 입었다.
④ 상공업이 발달한 평안도 지역에 대한 세도 정권의 수탈이 심하였다.
⑤ 무신 집권자의 등장으로 신분 상승에 대한 백성의 기대감이 높아졌다.

내용 이해
05 다음 사건이 일어난 순서에 맞게 번호를 쓰세요.

④ 진주 농민 봉기가 전국적으로 확산되었다.
② 평안도 가산에서 홍경래의 난이 일어났다.
③ 진주 농민들이 유계춘을 중심으로 봉기하였다.
① 순조가 왕이 되면서 외척 가문이 권력을 잡았다.

도움말 | '세도 정치의 시작 → 홍경래의 난 → 진주 농민 봉기 → 임술 농민 봉기'의 순서로 일어났어요.

내용 추론
06 다 문단을 읽고 홍경래의 난에 대해 잘못 말한 어린이는 누구인지 쓰세요.

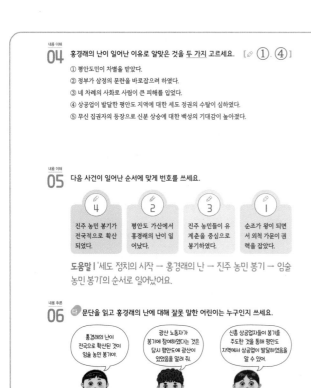

다정: 홍경래의 난이 전국으로 확산된 것이 임술 농민 봉기야.

찬이: 광산 노동자가 봉기에 참여하였다는 것은 당시 평안도에 광산이 있었음을 알려 줘.

혜영: 신흥 상공업자들이 봉기를 주도한 것을 통해 평안도 지역에서 상공업이 발달하였음을 알 수 있어.

✎ 다정

도움말 | 농민 봉기가 전국적으로 확산된 것은 임술 농민 봉기와 관련이 있어요.

01 다음 뜻을 나타내는 낱말을 쓰세요.

1 정치상의 권세 또는 그 권세를 마구 휘두르는 일 [세][도]
2 요구나 제의 따위를 받아들이지 않고 물리침. [거][부]
3 품삯을 받고 남의 일을 해 주면서 살아가는 사람 [품][팔][이][꾼]

054쪽 055쪽

02 다음 빈칸에 들어갈 낱말을 찾아 선으로 이으세요.

1 문란 — ㉡ 사회 질서가 (문란)해 지면서 각종 범죄가 급격하게 늘어났다.
2 군영 — ㉠ 군인들은 (군영)에서 별도의 명령이 있을 때까지 대기하였다.
3 비리 — ㉢ 정부는 공무원들의 (비리)을/를 철저히 조사할 것이라 발표하였다.

03 다음 글에서 밑줄 친 내용과 바꾸어 쓸 수 있는 낱말은 무엇인가요? [✎ ④]

그는 세도가에게 은밀히 건넨 각종 비단, 금은보화 등 비싼 재물을 통해 지방 수령으로 부임하였다. 부임한 후에는 수령이 되기 위해 바친 재물을 채우기 위해 농민의 땅을 불법으로 빼앗아 재산을 늘리기 바빴다.

① 기부   ② 관직   ③ 뇌리   ④ 뇌물   ⑤ 삼정

13 흥선 대원군의 정책

글을 읽으면서 중요하다고 생각하는 낱말에 색칠해 보세요.

가 세도 정치와 농민들의 봉기로 혼란스러웠던 시기에 고종이 왕으로 즉위하였어요. 고종의 나이가 어렸던 탓에 그의 아버지 흥선 [1]대원군이 나랏일을 도맡았어요. 흥선 대원군은 세도 정치의 잘못된 점을 고치고 국왕 중심으로 정치를 운영하기 위한 정책을 펼쳤어요.

나 흥선 대원군은 왕권을 강화하기 위해 세도 가문의 인물을 몰아내고 인재를 골고루 등용하였어요. 한편, 세도 정권 시기의 핵심 권력 기구로 왕권을 제약하는 역할을 하였던 비변사라는 기구가 있었어요. 비변사는 원래 [2]임시로 설치된 기구였으나 왜란과 호란을 거치며 모든 업무를 [3]총괄할 정도로 기능이 강화되었지요. 흥선 대원군은 이러한 비변사의 기능을 축소하였어요.

다 흥선 대원군은 수백 개의 서원 중 일부만 남기고 대부분의 서원을 정리하는 정책도 펼쳤어요. 당시 서원은 지방 양반들의 세력 기반이 되어 세금을 [4]면제받고 부당하게 재산을 쌓아 백성의 [5]원성을 사고 있었어요. 서원을 없애면서 국가 재정이 늘고 민생이 안정되었어요. 그러나 양반들은 이 정책에 크게 반발하였어요.

라 흥선 대원군은 왕실의 위엄을 높이기 위해 임진왜란 때 불탄 경복궁을 다시 지었어요. 공사에 필요한 돈을 모으기 위해 강제로 [6]기부금을 거두었고 [7]고액 화폐인 당백전을 발행하면서 물가가 크게 오르기도 하였어요. 공사에 백성을 강제로 동원하면서 백성의 불만이 높아지기도 하였지요.

마 한편, 삼정의 문란을 해결하기 위해 세금도 정비하였어요. 흥선 대원군은 전정의 문란을 해결하기 위해 토지 대장에서 빠진 땅을 찾아 세금을 거두었고, 군정의 폐단을 고치기 위해 호포제를 실시하여 상민만 내던 군포를 양반에게까지 내도록 하였어요. 또한 환곡을 개혁하기 위해 [8]민간에서 곡식을 저장하였다가 빌려주도록 한 사창제를 실시하였어요. 이러한 정책으로 농민의 부담이 다소 줄어들었어요.

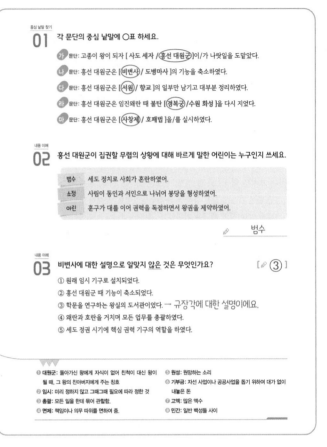

중심 낱말 찾기

01 각 문단의 중심 낱말에 ○표 하세요.

가 문단: 고종이 왕이 되자 [사도 세자 /(흥선 대원군)]이/가 나랏일을 도맡았다.

나 문단: 흥선 대원군은 [(비변사)/ 도병마사]의 기능을 축소하였다.

다 문단: 흥선 대원군은 [(서원)/ 향교]의 일부만 남기고 대부분 정리하였다.

라 문단: 흥선 대원군은 임진왜란 때 불탄 [(경복궁)/ 수원 화성]을 다시 지었다.

마 문단: 흥선 대원군은 [(사창제)/ 호패법]을/를 실시하였다.

02 흥선 대원군이 집권할 무렵의 상황에 대해 바르게 말한 어린이는 누구인지 쓰세요.

범수	세도 정치로 사회가 혼란스러웠어.
소정	사림이 동인과 서인으로 나뉘어 붕당을 형성하였어.
어린	훈구가 대를 이어 권력을 독점하면서 왕권을 제약하였어.

✎ 범수

03 비변사에 대한 설명으로 알맞지 않은 것은 무엇인가요? [✎ ③]

① 원래 임시 기구로 설치되었다.
② 흥선 대원군 때 기능이 축소되었다.
③ 학문을 연구하는 왕실의 도서관이었다. → 규장각에 대한 설명이에요.
④ 왜란과 호란을 거치며 모든 업무를 총괄하였다.
⑤ 세도 정권 시기에 핵심 권력 기구의 역할을 하였다.

① 대원군: 돌아가신 왕에게 자식이 없어 친척이 대신 왕이 될 때, 그 왕의 친아버지에게 주는 칭호
② 임시: 미리 정하지 않고 그때그때 필요에 따라 정한 것
③ 총괄: 모든 일을 한데 묶어 관할함.
④ 면제: 책임이나 의무 따위를 면하여 줌.
⑤ 원성: 원망하는 소리
⑥ 기부금: 자선 사업이나 공공사업을 돕기 위하여 대가 없이 내놓은 돈
⑦ 고액: 많은 액수
⑧ 민간: 일반 백성들 사이

---

04 다음 설명이 맞으면 ○, 틀리면 ×에 표시하세요.

① 흥선 대원군은 서원의 건설을 적극 지지하였다. [○ (×)] → 흥선 대원군은 서원을 없앴어요.

② 경복궁 공사로 백성을 강제로 동원하면서 백성의 불만이 높아졌다. [(○)/ ×]

05 다음에서 설명하는 화폐를 이 글에서 찾아 쓰세요.

경복궁을 다시 짓는 공사에 필요한 돈을 모으기 위해 발행한 고액 화폐이다. 이를 발행하면서 물가가 크게 오르기도 하였다.

✎ 당백전

도움말 | 라 문단을 통해 경복궁 공사 과정에서 고액 화폐인 당백전을 발행하였음을 알 수 있어요.

06 다음은 흥선 대원군의 세금 정비 내용을 정리한 것이에요. ㉠, ㉡에 들어갈 알맞은 내용을 쓰세요.

전정의 문란 해결	토지 대장에서 빠진 땅을 찾아 세금을 거둠.
군정의 폐단 해결	(㉠) 실시: 양반에게도 군포를 내도록 함.
환곡 개혁	(㉡) 실시: 민간에서 곡식을 저장하였다가 빌려줌.

✎ ㉠ 호포제 ㉡ 사창제

07 흥선 대원군이 다음과 같은 명령을 내린 이유를 추론하여 쓰세요.

#05 흥선 대원군과 신하의 대화
• 흥선 대원군: 백성에게 해되는 것이 있으면 비록 공자가 다시 살아난다 하더라도 나는 용서하지 않겠다. 나라 안 서원을 모두 허물도록 하라.
• 신하: 서원을 없앤다 하면 지방 유생들과 양반의 원성이 클 것입니다.

✎ 당시 서원은 지방 양반들의 세력 기반이 되어 세금을 면제받고 부당하게 재산을 쌓고 있었기 때문에 흥선 대원군은 이를 없애 국가 재정을 늘리고 민생을 안정시키려 하였다.

01 다음 낱말의 뜻을 찾아 선으로 이으세요.

① 원성	㉠ 원망하는 소리
② 총괄	㉡ 모든 일을 한데 묶어 관할함.
③ 기부금	㉢ 자선 사업이나 공공사업을 돕기 위하여 대가 없이 내놓은 돈

02 다음 문장의 빈칸에 들어갈 낱말을 **보기**에서 찾아 쓰세요.

보기

고액   민간   임시

① 입시철이 다가오면서 (고액)의 불법 과외가 유행하였다.

② 폭우로 둑이 무너지면서 학교에 (임시) 대피 장소를 마련하였다.

③ 민화는 왕실에서 (민간)에 이르기까지 생활 공간을 장식하는 데 이용되었다.

03 다음 글에서 밑줄 친 낱말과 바꾸어 쓸 수 있는 낱말은 무엇인가요? [✎ ③]

조선 정부는 서원 설립을 장려하고 주요 서원을 사액 서원으로 정하여 서원의 이름이 적힌 현판을 내려 주었다. 사액 서원에 토지와 노비, 서적 등을 지급하고 세금 납부에서 제외하였다.

① 도피   ② 면상   ③ 면제   ④ 제거   ⑤ 회피

14 외세의 침략과 조선의 대응

글을 읽으면서 중요하다고 생각하는 낱말에 색칠해 보세요.

가 19세기 들어 조선의 바닷가에는 ^❶이양선이라고 불린 서양 배가 자주 나타나 조선의 해안을 ^❷측량하고 ^❸통상을 요구하였어요. 조선 정부는 이들의 통상 요구가 침략으로 이어질 것이라 여겨 이를 거절하였어요.

나 한편, 러시아가 ^❹남하하면서 조선에 접근하자 흥선 대원군은 프랑스 선교사를 통해 프랑스를 끌어들여 러시아를 막으려 하였어요. 하지만 계획은 뜻대로 되지 않았고 양반 유생들이 ^❺천주교를 금지할 것을 거세게 주장하였어요. 이에 흥선 대원군은 프랑스 신부들과 수천 명의 천주교도들을 ^❻처형하였어요(병인박해, 1866). 병인박해가 일어난 뒤 프랑스는 군대를 보내 강화도를 침략하였어요. 이를 병인양요라고 합니다. 병인양요가 일어나자 조선의 한성근, 양헌수 부대 등이 프랑스군을 막아 냈어요. 이때 프랑스군은 물러가면서 강화도의 외규장각에 보관되어 있던 『의궤』를 비롯한 귀중한 도서와 보물 등을 약탈해 갔어요.

다 병인양요가 일어나기 전 미국의 제너럴 셔먼호라는 배가 평양의 대동강에 나타나 조선에 통상을 요구하는 일이 있었어요. 조선 관리가 통상을 거절하자 미국 선원들은 횡포를 부렸고 평양 주민들은 제너럴 셔먼호를 불태워 ^❼침몰시켰지요. 미국은 이 사건을 구실로 1871년 조선에 통상을 요구하며 강화도를 침략하였는데 이를 신미양요라고 한답니다. 광성보에서 어재연이 이끄는 조선의 수비대가 미군에 저항하였으나 광성보는 함락되었어요. 그럼에도 불구하고 조선군의 저항이 거세자 미군은 스스로 물러갔어요.

라 병인양요와 신미양요를 겪은 후 흥선 대원군은 전국 각지에 척화비라는 비석을 세웠어요. 척화비를 통해 서양과 교류하지 않겠다는 의지를 널리 알리고 통상 ^❽수교 거부 정책을 강화하였어요. 흥선 대원군의 정책은 서양 세력의 침략을 일시적으로 막는 데 성공하였으나 조선의 근대화가 늦어지는 결과를 가져오기도 하였답니다.

중심 낱말 찾기

01 각 문단의 중심 낱말을 찾아 쓰세요.

가 문단: 19세기 이 양 선 의 등장과 통상 요구
나 문단: 병 인 양 요 와 외규장각 도서 약탈
다 문단: 신 미 양 요 와 조선군의 저항
라 문단: 척 화 비 의 건립과 통상 수교 거부 정책

내용 이해

02 다음 내용이 맞으면 ○, 틀리면 X에 표시하세요.
❶ 19세기 이양선이 조선의 바닷가에 자주 나타났다. [○/ X]
❷ 흥선 대원군은 프랑스를 끌어들여 러시아의 남하를 막았다. [○ /X]
　　　　　　　　　　　　　　　└ 이 계획은 실패로 끝났어요.

내용 추론

03 이 글을 읽은 학생이 다음을 주제로 발표를 할 때 그 내용으로 알맞지 않은 것은 무엇인가요? [✎ ②]

> 병인양요의 전개와 그로 인한 피해

① 한성근 부대의 활약
② 제너럴 셔먼호 사건의 경과 → 신미양요와 관련된 내용이에요.
③ 양헌수 부대의 프랑스군 격퇴
④ 프랑스군의 강화도 침략 경로
⑤ 외규장각에 보관된 『의궤』의 행방

❶ **이양선:** 모양이 다른 배라는 뜻으로, 다른 나라의 배를 이르는 말
❷ **측량:** 지형의 높낮이, 면적 따위를 재는 일
❸ **통상:** 나라들 사이에 물건 등을 사고파는 것
❹ **남하:** 남쪽으로 내려감.
❺ **천주교:** 가톨릭교를 이르는 말로, 로마 교황을 교회의 대표자로 인정하는 종교
❻ **처형:** 사형에 처함.
❼ **침몰:** 물속에 가라앉음.
❽ **수교:** 나라와 나라 사이에 교제를 맺음.

내용 이해

04 (가)에 들어갈 내용으로 알맞은 것은 무엇인가요? [✎ ②]

외세의 침략적 접근 → 병인박해 — 제너럴 셔먼호 사건
병인양요
(가)
척화비 건립

① 병자호란 　② 신미양요 　③ 정묘호란
④ 홍경래의 난 　⑤ 임술 농민 봉기
도움말 | 신미양요는 병인양요가 일어나기 전 발생한 제너럴 셔먼호 사건을 구실로 미군이 강화도를 침략한 사건을 말해요.

내용 이해

05 다음 인물과 그 활동을 선으로 이으세요.
1 양헌수 ── 전국 각지에 척화비를 세웠다.
2 어재연 ── 병인양요 때 프랑스군을 막아 냈다.
3 흥선 대원군 ── 신미양요 때 광성보에서 미군에 맞서 싸웠다.

내용 추론

06 이 글을 토대로 척화비에 새겨진 내용을 추론한 것으로 알맞은 것은 무엇인가요? [✎ ④]

① 토지 제도가 바로잡히면 모든 일이 제대로 될 것이다.
② 나라의 말이 중국과 달라 문자가 서로 통하지 않는다.
③ 두루 사귀면서 편을 가르지 않는 것이 군자의 공정한 마음이다.
④ 서양 오랑캐가 침범하였을 때 싸우지 않는 것은 화친하는 것이다.
⑤ 천주교가 빠르게 확산되고 있으니 나라의 기강을 위해 유교를 금하는 것이 마땅하다.
도움말 | 라 문단을 통해 흥선 대원군이 척화비를 세워 서양과 교류하지 않겠다는 의지를 널리 알리고 통상 수교 거부 정책을 강화하였음을 알 수 있어요.

---

01 다음 뜻을 나타내는 낱말에 ○표 하세요.
❶ 남쪽으로 내려감. [남하 / 북진]
❷ 나라들 사이에 물건 등을 사고파는 것 [수교 / 통상]
❸ 모양이 다른 배라는 뜻으로, 다른 나라의 배를 이르는 말 [유람선 / 이양선]

02 다음 밑줄 친 낱말의 뜻을 보기에서 찾아 기호를 쓰세요.

보기
㉠ 나라와 나라 사이에 교제를 맺음.
㉡ 지형의 높낮이, 면적 따위를 재는 일
㉢ 가톨릭교를 이르는 말로, 로마 교황을 교회의 대표자로 인정하는 종교

❶ 삼국에서는 토지를 측량하는 데 수학 지식을 활용하였다. (㉡)
❷ 두 나라는 수교를 계기로 문화 교류를 활발히 하기로 하였다. (㉠)
❸ 아담 샬은 소현 세자에게 서양 학문과 천주교의 교리를 알려 주었다. (㉢)

03 다음 대화의 빈칸에 공통으로 들어갈 낱말로 알맞은 것은 무엇인가요? [✎ ④]

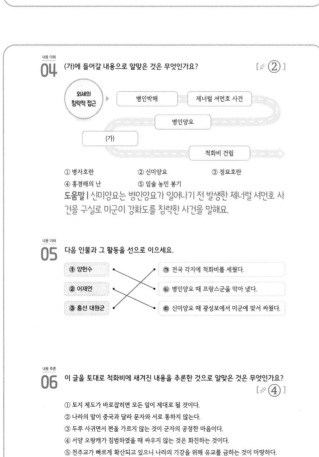

오늘 뉴스 봤어?
유조선이 (침몰)되면서 기름이 계속 유출되고 있대.

밝혀, 배가 (침몰)되기 전에 다행히 사람들은 다 빠져나왔다고 하더라.

① 공략 　② 전멸 　③ 추락 　④ 침몰 　⑤ 함락

060쪽 061쪽
062쪽 063쪽

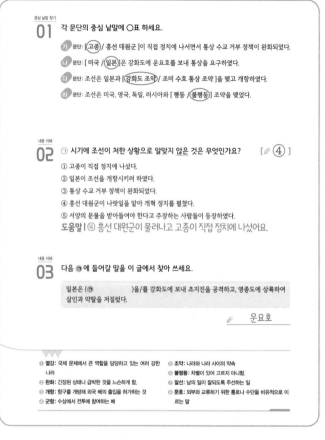

064쪽
065쪽

글을 읽으면서 중요하다고 생각하는 낱말에 색칠해 보세요.

가 19세기 후반, 서양 ¹열강의 침략으로 조선에서는 위기감이 높아졌어요. 반면 서양과 교류하여 발달된 문물을 받아들여야 한다고 주장하는 사람들이 나타나기도 하였지요. 이들 중에는 청을 왕래하면서 서양 문물을 접한 사람들이 많았어요. ㉠ 이 무렵 흥선 대원군이 물러나고 고종이 직접 정치에 나서게 되면서 통상 수교 거부 정책이 완화되자 서양과 교류해야 한다는 주장은 더욱 강해졌어요.

나 이렇듯 조선의 대외 정책에 변화가 생기자 일본은 조선을 ²개항시키려고 하였어요. 일본은 강화도 초지진에 운요호라는 ³군함을 보내 무력으로 위협하면서 통상을 요구하였어요. 조선군이 경고의 의미로 대포를 쏘자 운요호는 초지진을 공격하고 영종도에 가서 살인과 약탈을 저질렀어요. 이를 운요호 사건이라고 해요. 이후 일본은 운요호 사건을 구실로 조선에 개항을 강요하였어요.

다 결국 1876년 조선 정부는 일본과 강화도 ⁵조약을 맺고 개항하였어요. 강화도 조약은 조선이 외국과 맺은 최초의 근대적 조약인 동시에 ⁶불평등한 조약이었어요. 이 조약에서는 조선이 일본과 평등한 권리를 보유한다고 했어요. 하지만 실상은 일본에 유리하고 조선에 불리한 내용을 담고 있었어요. 조약에는 부산을 비롯한 3개 항구를 개항할 것, 일본의 조선에 대한 해안 측량권을 허가할 것, 치외 법권을 규정할 것 등이 포함되었어요. 치외 법권을 인정함에 따라 조선 내에 거주하는 일본인은 조선의 법률에 따르지 않고 일본국 관리에게 심판받을 수 있게 되었어요.

라 강화도 조약 체결 이후 청이 조선과 미국의 수교를 적극 ⁷알선하고 조선 내에서도 미국과 연합할 것을 주장하는 이들이 나타났어요. 그 결과 조선은 미국과 조미 수호 통상 조약을 체결하였어요. 이후 조선은 영국, 독일, 러시아 등과도 조약을 맺고 ⁸문호를 확대하였어요. 이때 맺은 조약들은 모두 조선에 불리한 내용을 담은 불평등 조약이었어요.

중심 낱말 찾기

01 각 문단의 중심 낱말에 ○표 하세요.

가 문단: [(고종) / 흥선 대원군]이 직접 정치에 나서면서 통상 수교 거부 정책이 완화되었다.

나 문단: [미국 /(일본)]은 강화도에 운요호를 보내 통상을 요구하였다.

다 문단: 조선은 일본과 (강화도 조약) / 조미 수호 통상 조약]을 맺고 개항하였다.

라 문단: 조선은 미국, 영국, 독일, 러시아와 [평등 /(불평등)] 조약을 맺었다.

내용 이해

02 ㉠ 시기에 조선이 처한 상황으로 알맞지 <u>않은</u> 것은 무엇인가요? [✎ ④]

① 고종이 직접 정치에 나섰다.
② 일본이 조선을 개항시키려 하였다.
③ 통상 수교 거부 정책이 완화되었다.
④ 흥선 대원군이 나랏일을 맡아 개혁 정치를 펼쳤다.
⑤ 서양의 문물을 받아들여야 한다고 주장하는 사람들이 등장하였다.

도움말 | ④ 흥선 대원군이 물러나고 고종이 직접 정치에 나섰어요.

내용 이해

03 다음 ㉠에 들어갈 말을 이 글에서 찾아 쓰세요.

> 일본은 (㉠   )을/를 강화도에 보내 초지진을 공격하고, 영종도에 상륙하여 살인과 약탈을 저질렀다.

✎ 운요호

---

❶ 열강: 국제 문제에서 큰 역할을 담당하고 있는 여러 강한 나라
❷ 완화: 긴장된 상태나 급박한 것을 느슨하게 함.
❸ 개항: 항구를 개방해 외국 배의 출입을 허가하는 것
❹ 군함: 수상에서 전투에 참여하는 배
❺ 조약: 나라와 나라 사이의 약속
❻ 불평등: 차별이 있어 고르지 아니함.
❼ 알선: 남의 일이 잘되도록 주선하는 일
❽ 문호: 외부와 교류하기 위한 통로나 수단을 비유적으로 이르는 말

066쪽
067쪽

내용 이해

04 강화도 조약에 대한 다음 퀴즈 내용이 맞으면 ○, 틀리면 ×에 표시하세요.

Quiz 1	청이 조약 체결을 알선하였다?	○ ⊗
Quiz 2	외국과 맺은 최초의 근대적 조약이다?	Ⓞ ×
Quiz 3	조선과 일본 사이에 맺어진 조약이다?	Ⓞ ×

내용 추론

05 가~라 문단 중 다음 글과 관련이 있는 문단을 쓰세요.

> 청은 일본이 세력을 확대하고 러시아가 남하하자 불안해졌다. 이에 미국을 끌어들여 두 나라를 견제하고 조선에 대한 유리한 지위를 인정받기 위해 조선 정부에 미국과의 교섭을 적극 권하였다.

✎ **라 문단**

도움말 | 제시된 글은 청이 조선과 미국의 조약 체결을 알선한 배경에 대한 것이에요.

내용 추론

06 다음은 강화도 조약의 내용이에요. 이를 해석한 내용으로 알맞지 <u>않은</u> 것은 무엇인가요? [✎ ③]

> 제4조　조선은 부산 이외에 두 곳의 항구를 개항하고 일본인이 와서 통상하는 것을 허용한다.
> 제7조　일본인이 조선의 해안을 자유롭게 측량하는 것을 허가한다.
> 제10조　조선의 항구에서 죄를 지은 일본인은 일본 관리가 재판한다.

① 제4조 - 3개 항구를 개항하기로 하였다.
② 제7조 - 일본의 해안 측량권을 허가하였다.
③ 제10조 - 치외 법권을 인정하지 않았다.
④ 제7조, 제10조 - 일본에 유리한 내용을 담고 있다.
⑤ 제4조, 제7조, 제10조 - 조선에 불평등한 내용을 담고 있다.

도움말 | ③ 제10조는 일본의 치외 법권을 인정한 것이에요.

---

01 다음 뜻을 나타내는 낱말을 쓰세요.

❶ 남의 일이 잘되도록 주선하는 일 → [알][선]
❷ 차별이 있어 고르지 아니함. → [불][평][등]
❸ 항구를 개방해 외국 배의 출입을 허가하는 것 → [개][항]

02 다음 빈칸에 들어갈 낱말을 찾아 선으로 이으세요.

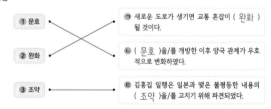

❶ 문호　　　㉠ 새로운 도로가 생기면 교통 혼잡이 (완화)될 것이다.

❷ 완화　　　㉡ (문호)을/를 개방한 이후 양국 관계가 우호적으로 변화하였다.

❸ 조약　　　㉢ 김홍집 일행은 일본과 맺은 불평등한 내용의 (조약)을/를 고치기 위해 파견되었다.

03 다음 ㉠~㉢을 모두 포함할 수 있는 낱말로 알맞은 것은 무엇인가요? [✎ ②]

> 조선 정부는 개항한 이후 서양 국가들 가운데 최초로 ㉠미국과 조미 수호 통상 조약을 체결하였다. 이어 ㉡영국, ㉢독일, ㉣러시아 등과도 불평등 조약을 맺고 교류하였다.

① 동양　② 열강　③ 종속국　④ 약소국　⑤ 식민지

16 개화 정책의 추진과 임오군란

글을 읽으면서 중요하다고 생각하는 낱말에 색칠해 보세요.

가 조선 정부는 강화도 조약으로 개항을 한 직후 개화 정책을 펼쳤어요. 서양의 문물과 제도를 받아들이려 한 개화파를 적극 등용하고 개화 정책을 총괄하는 기구로 통리기무아문을 설치하였어요. 또한 군사력을 강화하기 위해 신식 군대인 별기군을 창설하였는데, 별기군은 신식 무기를 지급받고 일본인 교관에게 훈련을 받았답니다. 정부는 개혁에 필요한 더 많은 정보를 모으기 위해 외국에 사절단을 파견하기도 하였어요.

나 개항과 정부의 개화 정책에 반발하여 양반 유생들은 위정척사 운동을 펼쳤어요. 위정척사 운동은 성리학은 바른 것으로 보아 지키고 서양의 문물과 사상은 그릇된 것으로 보아 물리치자고 주장한 운동이에요. 위정척사 운동을 펼친 이들은 개항과 개화를 반대하는 상소를 올려 정부의 정책에 반발하였어요. 위정척사 운동은 일본의 침략에 맞선 의병 운동으로 이어졌어요.

다 정부의 개화 정책에 대한 반발은 구식 군인과 도시 하층민 사이에서도 일어났어요. 신식 군대인 별기군은 급료와 복장 등에서 구식 군인보다 훨씬 대우가 좋았어요. 당시 구식 군인들은 차별 대우를 받는 것은 물론 1년 넘게 급료도 제대로 받지 못한 상황이었어요. 그러던 중 밀린 급료로 받은 쌀에 겨와 모래가 섞여 있자, 분노한 구식 군인들이 폭동을 일으켰어요. 여기에 개항 이후 쌀값이 크게 올라 생활이 어려웠던 도시 하층민들이 합세하였어요. 이들은 정부 관리와 일본인을 죽이고 일본 공사관을 공격하였어요. 1882년에 일어난 이 반란을 임오군란이라고 해요. 임오군란을 수습하는 과정에서 흥선 대원군이 다시 권력을 장악하였고 개화 정책도 중단되었어요. 그러나 청이 군대를 보내 흥선 대원군을 청으로 데려가고 군란을 진압하였어요. 임오군란을 진압한 청은 조선에 군대를 주둔시키면서 조선의 정치에 깊이 간섭하였어요.

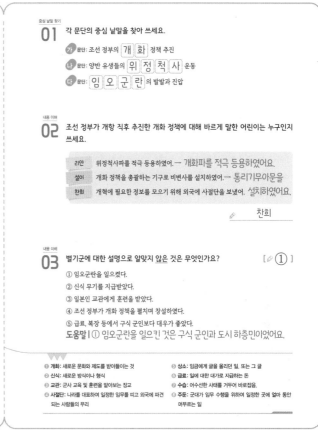

중심 낱말 찾기

01 각 문단의 중심 낱말을 찾아 쓰세요.

가 문단: 조선 정부의 **개 화** 정책 추진

나 문단: 양반 유생들의 **위 정 척 사** 운동

다 문단: **임 오 군 란** 의 발발과 진압

내용 이해

02 조선 정부가 개항 직후 추진한 개화 정책에 대해 바르게 말한 어린이는 누구인지 쓰세요.

리안 | 위정척사파를 적극 등용하였어. → 개화파를 적극 등용하였어요.

설이 | 개화 정책을 총괄하는 기구로 비변사를 설치하였어. → 통리기무아문을 설치하였어요.

찬희 | 개혁에 필요한 정보를 모으기 위해 외국에 사절단을 보냈어. 설치하였어요.

✎ **찬희**

내용 이해

03 별기군에 대한 설명으로 알맞지 <u>않은</u> 것은 무엇인가요? [✎ ①]

① 임오군란을 일으켰다.
② 신식 무기를 지급받았다.
③ 일본인 교관에게 훈련을 받았다.
④ 조선 정부가 개화 정책을 펼치며 창설하였다.
⑤ 급료, 복장 등에서 구식 군인보다 대우가 좋았다.

도움말 | ① 임오군란을 일으킨 것은 구식 군인과 도시 하층민이었어요.

❶ 개화: 새로운 문화와 제도를 받아들이는 것
❷ 신식: 새로운 방식이나 형식
❸ 교관: 군사 교육 및 훈련을 맡아보는 장교
❹ 사절단: 나라를 대표하여 일정한 임무를 띠고 외국에 파견되는 사람들의 무리
❺ 상소: 임금에게 글을 올리던 일. 또는 그 글
❻ 급료: 일에 대한 대가로 지급하는 돈
❼ 수습: 어수선한 사태를 거두어 바로잡음.
❽ 주둔: 군대가 임무 수행을 위하여 일정한 곳에 얼마 동안 머무르는 일

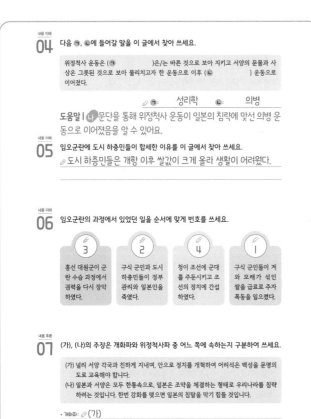

내용 이해

04 다음 ㉠, ㉡에 들어갈 말을 이 글에서 찾아 쓰세요.

위정척사 운동은 (㉠)은/는 바른 것으로 보아 지키고 서양의 문물과 사상은 그릇된 것으로 보아 물리치고자 한 운동으로 이후 (㉡) 운동으로 이어졌다.

✎ ㉠ **성리학** ㉡ **의병**

도움말 | 나 문단을 통해 위정척사 운동이 일본의 침략에 맞선 의병 운동으로 이어졌음을 알 수 있어요.

내용 이해

05 임오군란에 도시 하층민들이 합세한 이유를 이 글에서 찾아 쓰세요.

✎ 도시 하층민들은 개항 이후 쌀값이 크게 올라 생활이 어려웠다.

내용 이해

06 임오군란의 과정에서 있었던 일을 순서에 맞게 번호를 쓰세요.

✎ 3	✎ 2	✎ 4	✎ 1
흥선 대원군이 군란 수습 과정에서 권력을 다시 장악하였다.	구식 군인과 도시 하층민들이 정부 관리와 일본인을 죽였다.	청이 조선에 군대를 주둔시키고 조선의 정치에 간섭하였다.	구식 군인들이 겨와 모래가 섞인 쌀을 급료로 주자 폭동을 일으켰다.

내용 추론

07 (가), (나)의 주장은 개화파와 위정척사파 중 어느 쪽에 속하는지 구분하여 쓰세요.

(가) 널리 서양 각국과 친하게 지내며, 안으로 정치를 개혁하여 어리석은 백성을 문명의 도로 교육해야 합니다.
(나) 일본과 서양은 모두 한통속으로, 일본은 조약을 체결하는 형태로 우리나라를 침략하려는 것입니다. 한번 강화를 맺으면 일본의 침탈을 막기 힘들 것입니다.

• 개화파: ✎ **(가)**
• 위정척사파: ✎ **(나)**

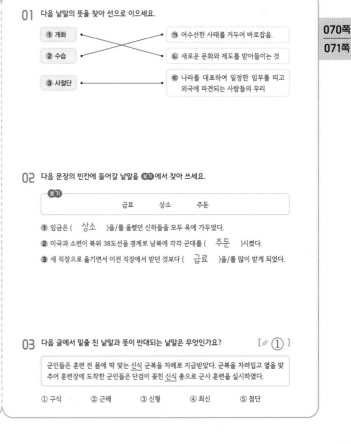

01 다음 낱말의 뜻을 찾아 선으로 이으세요.

1 개화	—	㉠ 어수선한 사태를 거두어 바로잡음.
2 수습	—	㉡ 새로운 문화와 제도를 받아들이는 것
3 사절단	—	㉢ 나라를 대표하여 일정한 임무를 띠고 외국에 파견되는 사람들의 무리

02 다음 문장의 빈칸에 들어갈 낱말을 보기에서 찾아 쓰세요.

보기
급료 상소 주둔

① 임금은 (**상소**)을/를 올렸던 신하들을 모두 옥에 가두었다.
② 미국과 소련이 북위 38도선을 경계로 남북에 각각 군대를 (**주둔**)시켰다.
③ 새 직장으로 옮기면서 이전 직장에서 받던 것보다 (**급료**)을/를 많이 받게 되었다.

03 다음 글에서 밑줄 친 낱말과 뜻이 반대되는 낱말은 무엇인가요? [✎ ①]

군인들은 훈련 전 몸에 딱 맞는 <u>신식</u> 군복을 차례로 지급받았다. 군복을 차려입고 열을 맞추어 훈련장에 도착한 군인들은 단검이 꽂힌 <u>신식</u> 총으로 군사 훈련을 실시했다.

① 구식 ② 근래 ③ 신형 ④ 최신 ⑤ 첨단

072쪽
073쪽

글을 읽으면서 중요하다고 생각하는 낱말에 색칠해 보세요.

가 조선의 개항 이후 개화를 주장한 사람들은 개화의 방법을 두고 크게 두 입장으로 나뉘었어요. 김홍집, 김윤식 등 °온건 개화파는 청과의 관계를 이어 가면서 조선의 법과 제도를 바탕으로 서양의 기술을 받아들일 것을 주장하였어요. 반면 김옥균, 박영효 등 °급진 개화파는 서양의 기술, 사상, 제도까지 받아들여 적극적으로 개혁해야 한다고 생각하였지요. 이들은 청과의 관계를 끊어 조선의 개화를 방해하는 청의 간섭을 물리쳐야 한다고 주장하였어요.

나 김옥균 등 급진 개화파는 새로운 조선을 만들고자 하였어요. 이들은 일본에 도움을 요청하였고 조선에서 영향력을 확대하려 한 일본은 군사적인 °지원을 해 주겠다고 약속하였어요. 1884년 김옥균, 박영효, 서광범 등 급진 개화파는 근대적 우편 업무를 담당하는 우정총국을 세운 것을 축하하는 행사를 틈타 갑신정변을 일으켰어요. 이들은 정부의 주요 인물을 제거하고 새 정부를 조직한 뒤 개혁안을 발표하였어요. 개혁안은 청에 대한 사대를 그만둘 것, °문벌을 없애고 능력에 따라 관리를 뽑을 것, 조세 제도를 고칠 것 등을 주요 내용으로 하였어요. 급진 개화파가 정권을 잡자 청군이 무력으로 °개입하였고 일본은 군사적 지원 약속을 어기고 °철수하였어요. 이로 인해 갑신정변은 3일 만에 실패로 끝이 났어요.

다 일본은 정변 과정에서 일본 공사관이 불에 탄 것을 빌미로 조선으로부터 °배상금을 얻어냈어요. 또한 청과 조약을 맺어 청일 양국이 이후 조선에 군대를 보낼 때 상대국에게 미리 알리기로 약속하였어요.

라 갑신정변은 일본의 힘에 의지하였고 준비가 부족한 상태에서 개혁을 시도하여 백성의 지지를 얻지 못하였어요. 하지만 갑신정변은 근대 국가를 만들려는 개혁 운동으로, 당시 제시된 개혁안을 보면 조선 사회를 크게 변화시키기 위한 내용이 담겨 있다는 점에서 의의를 지녀요.

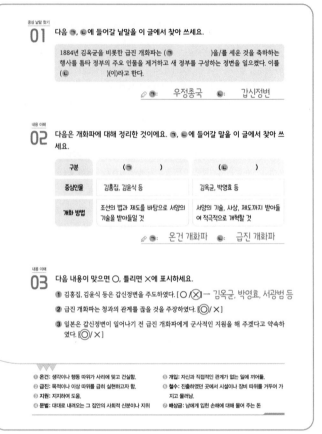

중심 낱말 찾기

01 다음 ㉠, ㉡에 들어갈 낱말을 이 글에서 찾아 쓰세요.

> 1884년 김옥균을 비롯한 급진 개화파는 (㉠)을/를 세운 것을 축하하는 행사를 틈타 정부의 주요 인물을 제거하고 새 정부를 구성하는 정변을 일으켰다. 이를 (㉡)(이)라고 한다.

㉠ 우정총국 ㉡ 갑신정변

내용 이해

02 다음은 개화파에 대해 정리한 것이에요. ㉠, ㉡에 들어갈 말을 이 글에서 찾아 쓰세요.

구분	(㉠)	(㉡)
중심인물	김홍집, 김윤식 등	김옥균, 박영효 등
개화 방법	조선의 법과 제도를 바탕으로 서양의 기술을 받아들일 것	서양의 기술, 사상, 제도까지 받아들여 적극적으로 개혁할 것

㉠ 온건 개화파 ㉡ 급진 개화파

내용 이해

03 다음 내용이 맞으면 ○, 틀리면 ✕에 표시하세요.

❶ 김홍집, 김윤식 등은 갑신정변을 주도하였다. [○ / ✕] → 김옥균, 박영효, 서광범 등

❷ 급진 개화파는 청과의 관계를 끊을 것을 주장하였다. [○ / ✕]

❸ 일본은 갑신정변이 일어나기 전 급진 개화파에게 군사적인 지원을 해 주겠다고 약속하였다. [○ / ✕]

① **온건**: 생각이나 행동 따위가 사리에 맞고 건실함.
② **급진**: 목적이나 이상 따위를 급히 실현하고자 함.
③ **지원**: 지지하여 도움.
④ **문벌**: 대대로 내려오는 그 집안의 사회적 신분이나 지위
⑤ **개입**: 자신과 직접적인 관계가 없는 일에 끼어듦.
⑥ **철수**: 진출하였던 곳에서 시설이나 장비 따위를 거두어 가지고 물러남.
⑦ **배상금**: 남에게 입힌 손해에 대해 물어 주는 돈

074쪽
075쪽

내용 이해

04 갑신정변 당시 발표된 개혁안의 내용으로 알맞은 것에 ○표 하세요.

문벌을 없앨 것 [○] 조세 제도를 고칠 것 [○]

일본의 치외 법권 규정 [ ] → 강화도 조약

일본에 배상금을 지불할 것 [ ] 청에 대한 사대를 그만둘 것 [○]

└ 갑신정변 진압 후 일본과 조선이 맺은 조약

내용 이해

05 갑신정변의 결과로 알맞은 것은 무엇인가요? [⑤]

① 흥선 대원군이 청에 끌려갔다.
② 청이 조선에 군대를 주둔시켰다.
③ 영국의 조선에 대한 내정 간섭이 심해졌다.
④ 조선을 둘러싸고 러시아와 일본이 전쟁을 벌였다.
⑤ 청과 일본이 이후 조선에 군대를 보낼 때 상대국에게 미리 알리기로 하였다.

내용 추론

06 급진 개화파가 다음과 같은 주장에 대해 보일 수 있는 반응으로 알맞은 것은 무엇인가요? [⑤]

> 조선의 법과 제도를 바탕으로 차근차근 개화를 해야 합니다.

① 맞습니다. 정변을 일으켜 개화해야 합니다.
② 맞습니다. 청과의 관계를 이어 가면서 서양의 기술만 받아들여야 합니다.
③ 아닙니다. 외국과의 통상을 전면 금지해야 합니다.
④ 아닙니다. 인재를 고루 뽑아서 탕평책을 실시해야 합니다.
⑤ 아닙니다. 서양의 기술, 사상, 제도를 받아들여 나라 전체를 개혁해야 합니다.

도움말 | 제시된 주장은 온건 개화파의 주장이에요. 이에 반대하는 내용인 ⑤가 급진 개화파의 입장에 해당해요.

01 다음 뜻을 나타내는 낱말을 쓰세요.

❶ 자신과 직접적인 관계가 없는 일에 끼어듦. [개입]

❷ 대대로 내려오는 그 집안의 사회적 신분이나 지위 [문벌]

❸ 진출하였던 곳에서 시설이나 장비 따위를 거두어 가지고 물러남. [철수]

02 다음 빈칸에 들어갈 낱말을 오른쪽 상자에서 찾아 쓰세요.

❶ 고려에서는 불교가 국가의 [지원]을 받으며 발전하였다. *지지하여 도움.

❷ 정부는 피해를 입은 사람들에게 [배상금]을 지불하였다. *남에게 입힌 손해에 대해 물어 주는 돈

❸ 일본은 조선군의 공격을 [빌미]로 조선에 개항을 요구하였다. *재앙이나 탈 따위가 생기는 원인

지 리 적 보
원 조 대 배
적 진 감 상
외 가 방 금
선 구 빌 미

03 다음 중 두 낱말의 관계가 ㉠, ㉡의 관계와 같은 것은 무엇인가요? [③]

> 이번 선거에 출마한 이 후보자는 ㉠온건 세력을 대표하는 인물로, 안정적인 정책들을 공약으로 내세웠다. 그에 반해 상대 당의 김 후보자는 ㉡급진 세력을 대표하는 인물로, 개혁적인 정책들을 주장하였다.

① 과일 - 수박 ② 대립 - 반대 ③ 약화 - 강화
④ 연회 - 잔치 ⑤ 운동화 - 구두

18 동학 농민 운동

076쪽
077쪽

글을 읽으면서 중요하다고 생각하는 낱말에 색칠해 보세요.

가 조선 후기에 최제우가 사람은 모두 평등하며 새로운 세상이 열릴 것이라고 주장한 ●동학이라는 종교를 창시하였어요. 당시 백성은 무거운 세금과 관리의 수탈에 시달렸고 외국 상인들의 경제 ●침탈이 더해지면서 생활이 매우 어려웠어요. 이러한 상황에서 평등사상과 외세 ●배척을 내세우는 동학이 농민들 사이에 널리 퍼졌어요.

나 전라도 고부에서는 ●군수의 횡포가 심하자 이에 맞서 동학 지도자 전봉준을 중심으로 농민들이 봉기하였어요. 봉기 수습 과정에서 정부가 오히려 농민들을 탄압하자 농민들은 다시 봉기하였고 이는 대규모 농민 운동으로 발전하였어요(동학 농민 운동, 1894년). 농민군은 전라도 일대로 세력을 넓혀 황토현과 황룡촌 등에서 관군을 물리치고 전주성을 점령하였어요. 진압에 어려움을 겪은 조선 정부는 청에 도움을 청하였어요. 이에 청이 조선에 군대를 보내자 일본도 군대를 보냈어요. 외국 군대의 개입을 막기 위해 농민군은 조선 정부와 ㉠ 전주 ●화약을 체결하여 개혁안을 약속받고 스스로 흩어졌어요. 이후 농민군은 전라도 각지에 집강소라는 농민 자치 조직을 설치하고 개혁안을 실천해 나갔답니다.

다 일본군과 청군이 조선에 들어오자 정부는 군대의 철수를 요청하였어요. 그러나 일본은 경복궁을 점령하고 청일 전쟁을 일으켰어요. 전쟁에서 ●승기를 잡은 일본이 조선의 정치에 심하게 간섭하자 동학 농민군은 일본을 물리치기 위해 다시 일어났어요. 그러나 농민군은 기관총으로 무장한 일본군과 관군의 상대가 되지 않았고 공주 우금치에서 벌어진 전투에서 크게 패하였어요. 농민군은 후퇴를 거듭하였고 전봉준을 비롯한 지도자가 체포되면서 동학 농민 운동은 끝이 났어요.

라 동학 농민 운동은 ●탐관오리를 처벌하고, 조세 제도를 고칠 것을 주장하는 등 양반 중심의 신분 질서를 개혁하려 하였어요. 또한 외세의 침략을 물리쳐 나라를 지키고자 한 민족 운동이었답니다.

중심 낱말 찾기
01 다음 빈칸에 공통으로 들어갈 낱말을 이 글에서 찾아 쓰세요.

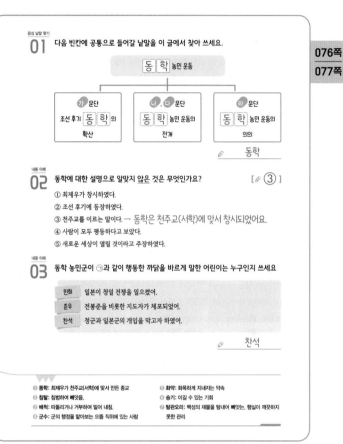

✏ 동학

내용 이해
02 동학에 대한 설명으로 알맞지 **않은** 것은 무엇인가요? [✏ ③]
① 최제우가 창시하였다.
② 조선 후기에 등장하였다.
③ 천주교를 이르는 말이다. → 동학은 천주교(서학)에 맞서 창시되었어요.
④ 사람이 모두 평등하다고 보았다.
⑤ 새로운 세상이 열릴 것이라고 주장하였다.

내용 이해
03 동학 농민군이 ㉠과 같이 행동한 까닭을 바르게 말한 어린이는 누구인지 쓰세요

민희 | 일본이 청일 전쟁을 일으켰어.
준우 | 전봉준을 비롯한 지도자가 체포되었어.
찬석 | 청군과 일본군의 개입을 막고자 하였어.

✏ 찬석

① **동학**: 최제우가 천주교(서학)에 맞서 만든 종교
② **침탈**: 침범하여 빼앗음.
③ **배척**: 따돌리거나 거부하여 밀어 내침.
④ **군수**: 군의 행정을 맡아보는 으뜸 직위에 있는 사람
⑤ **화약**: 화목하게 지내자는 약속
⑥ **승기**: 이길 수 있는 기회
⑦ **탐관오리**: 백성의 재물을 탐내어 빼앗는, 행실이 깨끗하지 못한 관리

내용 이해
04 다음 내용이 맞으면 ○, 틀리면 ✕에 표시하세요.
① 집강소는 동학 농민군이 설치한 농민 자치 조직이다. [○ / ✕]
② 동학 농민군은 황토현과 황룡촌에서 관군에게 패배하였다. [○ / ✕] → 관군에게 승리하였어요.
③ 일본이 청일 전쟁을 일으킨 후 조선의 정치에 간섭하자 동학 농민군이 일본을 물리치고자 다시 봉기하였다. [○ / ✕]

내용 이해
05 동학 농민 운동 과정에서 있던던 일을 순서에 맞게 번호를 쓰세요.

[2] 농민군이 정부와 전주 화약을 맺고 개혁안을 약속받았다.
[3] 일본군이 경복궁을 점령하자 농민군이 다시 봉기하였다.
[1] 전라도 고부에서 전봉준을 중심으로 농민들이 봉기하였다.
[4] 농민군이 우금치 전투에서 일본군과 관군에게 패배하였다.

도움말 | 동학 농민 운동은 '고부 봉기 → 전주 화약 체결 → 일본의 경복궁 점령에 반발한 재봉기 → 우금치 전투 패배'의 순서로 일어났어요.

내용 추론
06 다음은 전봉준이 재판관과 나눈 대화예요. 이를 토대로 동학 농민 운동의 성격에 대해 바르게 설명한 것은 무엇인가요? [✏ ⑤]

· 재판관: 고부에서 봉기를 일으킨 이유는 무엇인가?
· 전봉준: 당시 고부의 지방관이 강제로 걷은 세금이 매우 많았기 때문이오.
· 재판관: 다시 봉기를 일으킨 이유는 무엇인가?
· 전봉준: 일본군이 우리 궁궐에 쳐들어와 임금을 놀라게 하였기 때문이오.

① 개화파가 근대 국가를 건설하기 위해 일으킨 운동이다.
② 성리학을 지키고 서양의 사상을 물리치려 한 운동이다.
③ 청의 간섭이 심해지자 이에 반발하여 일어난 운동이다.
④ 외국과 맺은 불평등한 조약을 고치기 위해 일어난 운동이다.
⑤ 양반 중심의 신분 질서를 개혁하고 외세를 물리치려 한 운동이다.

078쪽
079쪽

01 다음 뜻을 나타내는 낱말에 ○표 하세요.
① 이길 수 있는 기회 [승기 / 패기]
② 따돌리거나 거부하여 밀어 내침. [배척 / 환대]
③ 최제우가 천주교에 맞서 만든 종교 [동학 / 서학]

02 다음 빈칸에 들어갈 낱말을 찾아 선으로 이으세요.

① 군수 — ㉠ 고을 (군수)이/가 행사에 참석하였다.
② 침범 — ㉡ 암행어사가 (탐관오리)의 죄목을 조사하여 처벌하였다.
③ 탐관오리 — ㉢ 차가 보행자 도로를 (침범)하면서 교통 사고가 났다.

03 다음 글의 밑줄 친 '화약'과 같은 뜻으로 사용된 문장은 무엇인가요? [✏ ④]

두 나라의 화약으로 평화적인 분위기가 형성되었다.

① 화약이 터지면서 연기가 많이 났다.
② 세종 때 화약 무기를 개발하여 국방력을 키웠다.
③ 발명반 아이들이 화약 로켓을 제작하여 발사하였다.
④ 양국 대표들이 화약을 맺기 전 조항들을 확인하였다.
⑤ 조총은 노곤에 불을 붙여서 화약을 터뜨려 쏘는 총이다.

19 갑오개혁

글을 읽으면서 중요하다고 생각하는 낱말에 색칠해 보세요.

가 동학 농민 운동이 일어나고 있던 시기에 일본은 청군을 뒤따라 조선에 군대를 보냈어요. 조선 정부는 일본에 군대를 물러나게 할 것을 요구하는 한편, 교정청을 설치하여 자주적인 개혁을 추진하려 하였어요. 그러나 일본은 경복궁을 점령하고 흥선 대원군을 앞세워 김홍집을 중심으로 새로운 정부를 구성하고 개혁을 실시하도록 하였어요.

나 1894년 새 정부는 군국기무처를 ⁰신설하여 근대적 개혁을 추진하였는데 이를 갑오개혁이라고 해요. 제1차 개혁에서는 정치 분야에서 왕실 사무와 ⁰국정 사무를 분리하였어요. 또한 양반 위주로 인재를 선발하는 과거제를 폐지하고 실제 업무 능력이 뛰어난 인재를 뽑고자 하였어요. 경제 분야에서는 ⁰재정을 담당하는 관청을 하나로 통일하였고, 물건으로 내던 조세를 화폐로 내도록 하였어요. 은을 중심으로 하는 화폐 제도를 채택하고, ⁰도량형도 통일하였어요. 사회 분야에서는 신분 차별을 없애고 노비 제도를 폐지하였어요. 또한 어린 나이에 결혼하는 조혼을 금지하고, 과부의 ⁰재가를 허용하였으며, 가혹한 형벌을 금지하기도 하였답니다.

다 일본은 청일 전쟁에서의 승리가 확실시되자 군국기무처를 없애고 일본에 ⁰망명 중이던 박영효를 조선에 돌아오게 하여 제2차 개혁을 추진하였어요. 이때 고종은 홍범 14조를 반포하여 개혁의 기본 방향을 밝혔어요. 이에 따라 지방 행정 구역이 새롭게 바뀌게 되었고 지방 재판소, 한성 재판소 등이 세워지면서 ⁰사법권이 독립하게 되었어요.

라 갑오개혁은 일본의 간섭 속에서 개혁이 이루어졌기 때문에 군사 제도의 개혁에는 소홀하였고 농민이 요구한 토지 제도의 개혁은 이루어지지 않았다는 한계를 지녀요. 그러나 갑신정변과 동학 농민 운동에서 요구한 내용이 일부 반영되었고 근대적인 제도를 수용하여 근대 국가로 나아가려 하였다는 점에서 의의를 지녀요.

중심 낱말 찾기

01 각 문단의 중심 낱말을 찾아 쓰세요.

- **가** 문단: **갑오개혁**의 배경
- **나** 문단: **군국기무처**에서 실시한 제1차 개혁
- **다** 문단: **고종**의 홍범 14조 반포
- **라** 문단: **갑오개혁**의 한계와 의의

내용 이해

02 제1차 개혁 때 실시한 개혁 내용에 ○표 하세요.

- ○ 조혼 금지
- ○ 과거제 폐지
- ○ 도량형 통일
- □ 사법권 독립
- □ 집강소 설치
- ○ 과부의 재가 허용

제2차 개혁 ─ 동학 농민 운동

내용 이해

03 갑오개혁에 대한 설명으로 알맞은 것은 무엇인가요? [✎ ②]

① 별기군을 창설하였다.
② 신분 제도를 폐지하였다.
③ 청의 개입으로 3일 만에 실패로 끝났다.
④ 일본의 간섭 없이 자주적으로 이루어졌다.
⑤ 통리기무아문을 설치하여 개혁을 추진하였다.

도움말 | 갑오개혁 때 신분 차별을 없애고 노비 제도를 없애는 등 신분 제도를 폐지하였어요.

◦ **신설**: 새로 설치하거나 설비함.
◦ **국정**: 나라의 정치.
◦ **재정**: 국가 등이 정치적 활동이나 공공 정책을 시행하기 위하여 쓸 돈을 만들어 관리하고 이용하는 경제 활동
◦ **도량형**: 길이, 부피, 무게 따위의 단위를 재는 법
◦ **재가**: 결혼하였던 여자가 남편이 죽거나 남편과 이혼하면서 다른 남자와 결혼함.
◦ **망명**: 자기 나라에서 박해를 받을 위험이 있는 사람이 이를 피하거나 위하여 외국으로 몸을 옮김.
◦ **사법권**: 재판권을 행하는 국가 통치권의 한 권능

내용 이해

04 다음 ⊙, ⓒ에 들어갈 내용을 이 글에서 찾아 쓰세요.

제1차 갑오개혁 때는 (⊙   )을/를 중심으로 개혁을 추진하였다. 그러나 일본이 청일 전쟁에서 승기를 잡자 (⊙   )을/를 없애고 박영효를 중심으로 정부를 구성해 제2차 개혁을 추진하였다. 이때 고종은 개혁의 기본 방향을 밝힌 (ⓒ   )을/를 반포하여 개혁의 주요 내용을 알렸다.

✎ ⊙: **군국기무처** ⓒ: **홍범14조**

도움말 | 제1차 개혁 때의 중심 기구가 군국기무처였으며, 고종이 홍범 14조를 반포하여 개혁의 기본 방향을 밝혔어요.

내용 이해

05 다음 보기에서 갑오개혁의 의의와 한계를 골라 기호를 쓰세요.

보기
⊙ 군사 제도의 개혁에 소홀하였다.
ⓒ 농민이 요구한 토지 제도의 개혁이 이루어지지 않았다.
ⓒ 갑신정변과 동학 농민 운동의 요구가 일부 반영되었다.
ⓔ 근대적인 제도를 수용하여 근대 국가로 나아가려 하였다.

• 의의: ✎ **ⓒ, ⓔ**
• 한계: ✎ **⊙, ⓒ**

내용 추론

06 갑오개혁이 추진된 직후 조선 사회에서 볼 수 있었던 모습으로 알맞지 않은 것은 무엇인가요? [✎ ③]

① 나라에 세금을 내기 위해 화폐를 세는 농부
② 조혼이 법으로 금지되었음을 알리는 지방 관리
③ 과거에 급제를 하기 위해 경전을 공부하는 양반
④ 지방에 새롭게 설립된 재판부에서 재판을 받는 상인
⑤ 남편이 죽은 뒤 오랫동안 혼자 살다가 다시 시집을 가는 과부

도움말 | ③ 나 문단을 통해 갑오개혁으로 과거제가 폐지되었음을 알 수 있어요.

---

01 다음 낱말의 뜻을 찾아 선으로 이으세요.

1 국정 — ⊙ 나라의 정치
2 재가 — ⓒ 재판권을 행하는 국가 통치권의 한 권능
3 사법권 — ⓒ 결혼하였던 여자가 남편이 죽거나 남편과 이혼하면서 다른 남자와 결혼함.

02 다음 밑줄 친 낱말의 뜻을 보기에서 찾아 기호를 쓰세요.

보기
⊙ 새로 설치하거나 설비함.
ⓒ 길이, 부피, 무게 따위의 단위를 재는 법
ⓒ 국가 등이 정치적 활동이나 공공 정책을 시행하기 위하여 쓸 돈을 만들어 관리하고 이용하는 경제 활동

1 최근 게임학과를 신설하는 대학이 점차 늘어나고 있다. (⊙)
2 국가마다 다른 도량형을 통일하자는 운동이 벌어지고 있다. (ⓒ)
3 경제 상황이 악화되면 정부의 재정 수입도 나빠질 수밖에 없다. (ⓒ)

03 다음 글에서 밑줄 친 내용과 바꾸어 쓸 수 있는 낱말은 무엇인가요? [✎ ③]

본래 우리 가문은 상당히 명망 있는 가문으로 수많은 종을 부리며 남부럽지 않게 살고 있었다. 그러나 아버지가 반일 인사로 주목받으면서 집안에 순사가 들이닥쳤고 결국 가족들 모두 외국으로 도피하게 되었다.

① 귀국 ② 귀향 ③ 망명 ④ 망상 ⑤ 탈옥

20 을미사변과 을미개혁

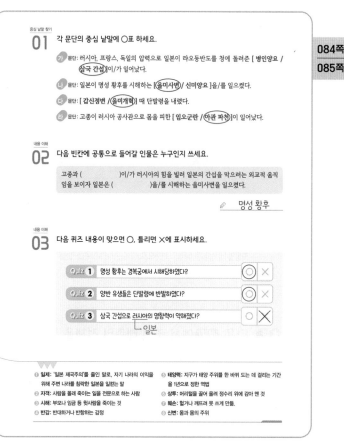

글을 읽으면서 주요하다고 생각하는 낱말에 색칠해 보세요.

가 청일 전쟁에서 승리한 ●일제는 청으로부터 랴오둥반도를 넘겨받았어요. 이는 남하 정책을 추진하던 러시아의 심기를 건드리는 것이었어요. 러시아는 프랑스, 독일과 함께 일본에 압력을 가하여 랴오둥반도를 다시 청에 돌려주게 하였어요. 삼국이 일본에 영향력을 행사한 이 사건을 삼국 간섭이라고 불러요.

나 러시아가 주도한 삼국 간섭으로 일본의 국제적인 영향력이 약화되자 고종과 명성 황후는 러시아 세력을 끌어들여 일본의 간섭을 막으려고 하였어요. 이러한 움직임에 당황한 일본은 경복궁에 일본군 수비대와 일본인 ●자객 등을 침입시켰어요. 이들은 명성 황후를 ●시해하고 시신을 불태웠어요. 1895년에 일어난 이 사건을 을미사변이라고 해요. 을미사변으로 조선에서는 일제에 대한 ●반감이 더욱 커지게 되었답니다.

다 을미사변 이후 친일 관리들을 중심으로 새 정부가 구성되어 개혁을 추진하였어요(을미개혁, 1895년). 새 정부는 ●태양력 사용을 추진하였고, 천연두를 예방하기 위한 종두법을 실시하였어요. 또한 갑신정변 때 중단되었던 우편 사무도 다시 시작하였어요. 성인 남자의 ●상투를 자르고 짧은 머리를 하도록 한 단발령을 내리기도 하였어요. 단발령에 대해 양반 유생들과 농민들은 부모에게 물려받은 신체를 함부로 ●훼손해서는 안 된다며 거세게 저항하였고 의병을 일으키기도 하였어요.

라 한편, 을미사변이 일어난 후 고종은 왕궁에 갇혀 생활하였어요. 일본의 간섭이 갈수록 커지자 ●신변의 위협을 느낀 고종은 왕궁을 벗어나고자 하였어요. 고종은 의병이 일어나면서 일본군의 감시가 약해진 틈을 타 1896년 러시아 공사관으로 몸을 피하였는데 이를 아관 파천이라고 해요. 이후 조선에서는 러시아의 영향력이 커지게 되었고 러시아를 비롯한 외국 세력의 간섭도 심해졌어요. 아관 파천이 일어나면서 을미개혁도 중단되었답니다.

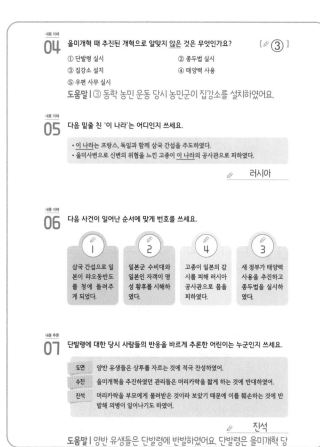

084쪽 085쪽

중심 낱말 찾기

01 각 문단의 중심 낱말에 ○표 하세요.

가 문단: 러시아, 프랑스, 독일의 압력으로 일본이 랴오둥반도를 청에 돌려준 [병인양요 / **삼국 간섭**]이/가 일어났다.

나 문단: 일본이 명성 황후를 시해하는 [**을미사변** / 신미양요]을/를 일으켰다.

다 문단: [갑신정변 /**을미개혁**] 때 단발령을 내렸다.

라 문단: 고종이 러시아 공사관으로 몸을 피한 [임오군란 /**아관 파천**]이 일어났다.

내용 이해

02 다음 빈칸에 공통으로 들어갈 인물은 누구인지 쓰세요.

고종과 ( )이/가 러시아의 힘을 빌려 일본의 간섭을 막으려는 외교적 움직임을 보이자 일본은 ( )을/를 시해하는 을미사변을 일으켰다.

✎ **명성 황후**

내용 이해

03 다음 퀴즈 내용이 맞으면 ○, 틀리면 ×에 표시하세요.

Quiz 1 명성 황후는 경복궁에서 시해당하였다? ○ ×

Quiz 2 양반 유생들은 단발령에 반발하였다? ○ ×

Quiz 3 삼국 간섭으로 러시아의 영향력이 약해졌다? ○ ×
└ **일본**

● 일제: '일본 제국주의'를 줄인 말로, 자기 나라의 이익을 위해 주변 나라를 침략한 일본을 일컫는 말
● 자객: 사람을 몰래 죽이는 일을 전문으로 하는 사람
● 시해: 부모나 임금 등 윗사람을 죽이는 것
● 반감: 반대하거나 반항하는 감정
● 태양력: 지구가 태양 주위를 한 바퀴 도는 데 걸리는 기간을 1년으로 정한 역법
● 상투: 머리털을 끌어 올려 정수리 위에 감아 맨 것
● 훼손: 헐거나 깨뜨려 못 쓰게 만듦.
● 신변: 몸과 몸의 주위

내용 이해

04 을미개혁 때 추진된 개혁으로 알맞지 <u>않은</u> 것은 무엇인가요? [✎ ③]

① 단발령 실시 ② 종두법 실시
③ 집강소 설치 ④ 태양력 사용
⑤ 우편 사무 실시

도움말 | ③ 동학 농민 운동 당시 농민군이 집강소를 설치하였어요.

내용 이해

05 다음 밑줄 친 '이 나라'는 어디인지 쓰세요.

• 이 나라는 프랑스, 독일과 함께 삼국 간섭을 주도하였다.
• 을미사변으로 신변의 위협을 느낀 고종이 이 나라의 공사관으로 피하였다.

✎ **러시아**

내용 이해

06 다음 사건이 일어난 순서에 맞게 번호를 쓰세요.

1 삼국 간섭으로 일본이 랴오둥반도를 청에 돌려주게 되었다.

2 일본군 수비대와 일본인 자객이 명성 황후를 시해하였다.

4 고종이 일본의 감시를 피해 러시아 공사관으로 몸을 피하였다.

3 새 정부가 태양력 사용을 추진하고 종두법을 실시하였다.

내용 추론

07 단발령에 대한 당시 사람들의 반응을 바르게 추론한 어린이는 누구인지 쓰세요.

도연 양반 유생들은 상투를 자르는 것에 적극 찬성하였어.

수진 을미개혁을 추진하였던 관리들은 머리카락을 짧게 하는 것에 반대하였어.

진석 머리카락을 부모에게 물려받은 것이라 보았기 때문에 이를 훼손하는 것에 반발해 의병이 일어나기도 하였어.

✎ **진석**

도움말 | 양반 유생들은 단발령에 반발하였어요. 단발령은 을미개혁 당시 내려진 것으로 을미개혁을 추진하였던 관리들은 단발령에 찬성하였어요.

---

01 다음 뜻을 나타내는 낱말을 쓰세요.

① 부모나 임금 등 윗사람을 죽이는 것 **시 해**
② 지구가 태양 주위를 한 바퀴 도는 데 걸리는 기간을 1년으로 정한 역법 **태 양 력**
③ '일본 제국주의'를 줄인 말로, 자기 나라의 이익을 위해 주변 나라를 침략한 일본을 일컫는 말 **일 제**

02 다음 낱말의 뜻과 그 낱말이 들어갈 문장을 찾아 선으로 이으세요.

① 몸과 몸의 주위 — ㉠ 반감 — ⓐ 증인이 (신변) 보호를 요청하였다.

② 반대하거나 반항하는 감정 — ㉡ 자객 — ⓑ (자객)이 임금을 시해하려 하였다.

③ 사람을 몰래 죽이는 일을 전문으로 하는 사람 — ㉢ 신변 — ⓒ 그의 강한 성격이 사람들의 (반감)을 샀다.

03 다음 대화의 빈칸에 공통으로 들어갈 낱말로 알맞은 것은 무엇인가요? [✎ ⑤]

지희야, 혹시 예전에 숭례문이 방화로 불에 타면서 (훼손) 되었던 것 알아?

아빠가 말씀해 주셨어. 소중한 문화재가 (훼손)되지 않도록 잘 보호하는 것도 중요한 일 같아.

① 간수 ② 보장 ③ 비방 ④ 훼방 ⑤ 훼손

086쪽 087쪽

115

실력 확인

실력 확인 088쪽

01 ㉠에 들어갈 사건으로 알맞은 것은 무엇인가요? [✎ ④]

요동 정벌에 반대하였지만 출정한 이성계가 압록강 부근에서 군대를 돌려 개경으로 돌아와 권력을 잡은 사건을 (㉠)(이)라고 한다.

① 임오군란　　② 병자호란
③ 무신 정변　　④ 위화도 회군

도움말 | 이성계는 위화도 회군으로 정치, 군사의 실권을 잡았어요.

02 다음 보기에서 조선 태종의 정책을 모두 골라 기호를 쓰세요.

보기
㉠ 사병을 폐지하였다.
㉡ 집현전을 설치하였다.
㉢ 호패법을 실시하였다.
㉣ 『경국대전』을 완성하였다.

✎　㉠, ㉢

도움말 | ㉡은 세종의 정책, ㉣은 성종의 정책에 대한 설명이에요.

03 다음 내용 중 알맞지 않은 것은 무엇인가요? [✎ ④]

오늘 나는 세종대왕 위인전을 읽었어. 책을 읽으면서 여러 사실을 알게 되었어. 세종 대에는 ① 물시계인 자격루가 발명되었고, ② 해시계인 앙부일구도 만들어졌어. 세종은 무기 개발에도 힘써 ③ 이 시기 신기전, 화차가 개발되었어. 농업을 중시한 세종은 ④ 『용비어천가』를 편찬하여 우리 농사법을 정리하기도 하였지. 무엇보다 ⑤ 백성이 글을 쉽게 익힐 수 있게 훈민정음을 창제한 것은 세종의 큰 업적이라 할 수 있어.

도움말 | ④ 세종 대에 우리 농사법을 정리한 책은 『농사직설』이에요.

04 조선 전기의 예술에 대한 설명으로 알맞지 않은 것은 무엇인가요? [✎ ①]

① 풍속화가인 김홍도가 활약하였다.
② 성종 때 『악학궤범』이 편찬되었다.
③ 백자가 양반들의 큰 사랑을 받았다.
④ 안견이 「몽유도원도」라는 그림을 그렸다.
⑤ 최초의 한문 소설인 『금오신화』가 편찬되었다.

도움말 | ① 김홍도는 조선 후기에 활약한 풍속화가예요.

05 다음에서 설명하는 조선 시대의 신분을 쓰세요.

관청에서 일하거나 전문적인 일을 하였다. 환자를 치료하는 의관, 그림을 그리는 화원, 통역을 담당하는 역관 등이 속하였다.

✎　중인

도움말 | 조선 시대에 중인은 관청에서 낮은 계급의 관리로 일하거나 전문적인 일을 담당하였어요.

06 다음 보기는 임진왜란의 과정에서 있었던 일들이에요. 이를 일어난 순서대로 기호를 쓰세요.

보기
㉠ 선조가 의주로 피란하였다.
㉡ 일본군이 부산진과 동래성을 점령하였다.
㉢ 조선 수군이 옥포에서 일본군을 물리쳤다.
㉣ 조선과 명의 연합군이 평양성에서 일본군에 승리하였다.

✎　㉡ ▶ ㉠ ▶ ㉢ ▶ ㉣

도움말 | '일본군의 부산진, 동래성 함락 → 선조의 피란 → 조선 수군의 승리 → 명의 참전과 평양성 전투 승리'의 순서로 일어났어요.

07 다음 밑줄 친 '이곳'으로 알맞은 것은 무엇인가요? [✎ ③]

이곳은 병자호란 당시 인조와 신하들이 피신한 곳이다. 청군이 이곳을 포위하자 인조는 결국 항복하고 청과 군신 관계를 맺었다.

① 강화도　　② 경복궁
③ 남한산성　　④ 수원 화성

도움말 | 병자호란 당시 인조와 신하들은 남한산성으로 피신하였어요.

08 사림에 대해 <u>잘못</u> 말한 어린이는 누구인가요?
[✐ ①]

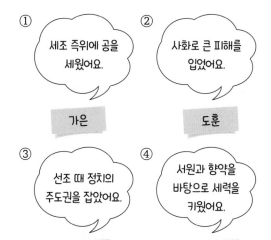

① 세조 즉위에 공을 세웠어요. **가은**

② 사화로 큰 피해를 입었어요. **도훈**

③ 선조 때 정치의 주도권을 잡았어요. **서진**

④ 서원과 향약을 바탕으로 세력을 키웠어요. **하린**

도움말 | ①은 훈구에 대한 내용이에요.

09 다음 업적을 남긴 왕은 누구인가요?
[✐ ②]

- 규장각을 설치하였다.
- 수원에 화성을 건설하였다.
- 상인들의 자유로운 상업 활동을 보장하였다.

① 영조　　　　② 정조
③ 철종　　　　④ 광해군

도움말 | 제시된 설명들은 정조의 업적에 해당해요.

10 다음은 실학에 대해 정리한 내용이에요. ㉠, ㉡에 들어갈 내용을 쓰세요.

개혁론	특징
(㉠) 중심 개혁론	유형원, 이익, 정약용 등이 토지 제도를 바꿀 것을 주장함.
(㉡) 중심 개혁론	홍대용, 박지원, 박제가 등이 청의 문물을 받아들일 것을 주장함.

✐ ㉠: 농업　㉡: 상공업

도움말 | 실학은 크게 농업 중심의 개혁론과 상공업 중심의 개혁론으로 발전하였어요.

11 조선 후기의 서민 문화 발달에 대한 설명으로 알맞지 <u>않은</u> 것은 무엇인가요? [✐ ③]

① 풍속화가 유행하였다.
② 한글 소설이 유행하였다.
③ 분청사기가 많이 제작되었다.
④ 장시에서 탈놀이가 많이 공연되었다.
⑤ 책을 읽어 주는 전기수가 등장하였다.

도움말 | ③은 조선 전기의 문화 발달에 대한 설명이에요.

실력 확인 089쪽

12 다음 대화의 밑줄 친 '이 봉기'에 해당하는 것은 무엇인가요? [✐ ②]

이 봉기는 1811년 평안도 가산 지역에서 일어났어.

응. 몰락 양반과 신흥 상공업자 외에 농민, 광산 노동자 등이 참여하였잖아.

① 만적의 난　　② 홍경래의 난
③ 임술 농민 봉기　④ 진주 농민 봉기

도움말 | 1811년 평안도 가산에서 대규모 농민 봉기인 홍경래의 난이 일어났어요.

13 다음 보기 에서 흥선 대원군의 정책을 모두 골라 기호를 쓰세요.

보기
㉠ 서원을 정리하였다.
㉡ 균역법을 실시하였다.
㉢ 호포제를 실시하였다.
㉣ 경복궁을 다시 지었다.

✐ ㉠, ㉢, ㉣

도움말 | ㉡은 영조의 정책이에요.

14

다음은 19세기 외세의 침략을 나타낸 것이에요. (가)에 들어갈 사건에 대한 설명으로 알맞은 것은 무엇인가요? [✏ ②]

제너럴 셔먼호
사건 ▶ (가) ▶ 신미양요

① 일본이 명성 황후를 시해하였다.
② 프랑스군이 강화도를 침략하였다.
③ 일본의 운요호가 초지진을 공격하였다.
④ 미군과 어재연의 군대가 전투를 벌였다.
⑤ 후금이 청으로 이름을 바꾸고 조선에 쳐들어
　왔다.

도움말 | (가)에 들어갈 사건은 병인양요예요. 병인양요는 프랑스군이 통상을 요구하며 강화도를 침략한 사건이에요.

15

㉠, ㉡에 들어갈 내용을 알맞게 연결한 것은 무엇인가요? [✏ ④]

조선 정부는 (㉠)과 강화도 조약을 맺고 개항하였다. 이 조약은 해안 측량권, 치외 법권 등을 규정한 (㉡) 조약이었다.

	㉠	㉡
①	미국	평등
②	미국	불평등
③	일본	평등
④	일본	불평등

도움말 | 조선 정부가 일본과 맺은 강화도 조약은 근대적 조약인 동시에 불평등 조약이었어요.

16

다음에서 설명하는 사건으로 알맞은 것은 무엇인가요? [✏ ①]

개화 정책을 추진하는 과정에서 별기군과의 차별 대우와 밀린 급료 등에 불만을 품은 구식 군대의 군인들이 반란을 일으켰다.

① 임오군란　　　　② 을미사변
③ 아관 파천　　　　④ 동학 농민 운동

도움말 | 개화 정책에 반발하여 구식 군대의 군인들이 임오군란을 일으켰어요.

17

갑신정변에 대한 설명으로 알맞은 것은 무엇인가요? [✏ ⑤]

① 온건 개화파가 주도하였다.
② 백성들의 큰 지지를 얻었다.
③ 정변 전 청이 지원을 약속하였다.
④ 우금치 전투에서 패하면서 끝이 났다.
⑤ 근대 국가 건설을 목표로 한 개혁 운동이었다.

도움말 | 갑신정변은 급진 개화파가 일본의 지원을 약속받고 일으킨 것으로, 청의 개입으로 실패하였어요. 백성의 지지를 얻지는 못하였지만 근대 국가를 만들려 한 개혁 운동이에요.

18

(가)에 들어갈 검색어를 쓰세요.

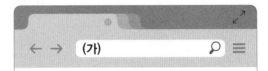

전라도 고부에서 관리의 수탈에 반발하여 전봉준 등을 중심으로 농민들이 일으킨 농민 운동이다. 일본이 경복궁을 점령하자 일본을 물리치기 위한 운동으로 발전하였다.

✏ 　동학 농민 운동

도움말 | 동학 농민 운동은 양반 중심의 신분 질서를 개혁하려 한 운동이자 외세로부터 나라를 지키고자 한 민족 운동이었어요.

19

갑오개혁의 내용으로 알맞지 <u>않은</u> 것은 무엇인가요? [✏ ④]

① 과거제 폐지　　　② 도량형 통일
③ 신분제 폐지　　　④ 집강소 설치

도움말 | ④는 동학 농민 운동과 관련된 내용이에요.

20

다음 밑줄 친 '명령'은 무엇인지 쓰세요.

을미개혁 당시 이 명령이 내려지자 양반 유생과 농민들은 부모에게 물려받은 신체를 훼손해서는 안 된다며 거세게 저항하였다.

✏ 　단발령

도움말 | 을미개혁 때 상투를 자르고 짧은 머리를 하도록 한 단발령을 내렸어요.

memo

memo